LUDOVIC LEGRÉ

IMPRESSIONS DE VOYAGE

D'UN

TYPOGRAPHIE E. JOUVE ET Cⁱᵉ
rue Montgrand, 36

1881

LA SARDAIGNE

Tiré à 60 exemplaires numérotés.

N°

LUDOVIC LEGRÉ

LA SARDAIGNE

IMPRESSIONS DE VOYAGE

D'UN

CHASSEUR MARSEILLAIS

MARSEILLE
TYPOGRAPHIE E. JOUVE ET Cie
rue Montgrand, 36

1881

PRÉFACE DE L'ÉDITEUR

A notre époque de réclame, d'étalage et de trompe-l'œil, le mérite littéraire des livres, pour les trois quarts des lecteurs, semble uniquement se mesurer sur le nombre plus ou moins grand de leurs éditions. Un livre, en général, est réputé bon, s'il est beaucoup lu.

C'est raisonner comme si la foule ne se composait que d'esprits supérieurs et qu'il fût prouvé que le suffrage universel se porte toujours vers ce qu'il y a de meilleur, dans tous les genres.

S'il en était ainsi, nos arrière-neveux ne sauraient manquer de concevoir une médiocre opinion du livre que j'ai l'honneur de présenter à un petit groupe de lecteurs choisis.

Non-seulement, en effet, ce livre est destiné à n'avoir qu'une seule édition, — perspective, pour le dire en passant, à laquelle peu d'auteurs de nos jours, et surtout d'éditeurs, se résigneraient d'avance, — mais encore cette unique édition ne se composera que de soixante exemplaires, tous numérotés, dont aucun ne sera mis en vente.

Le chiffre excessivement restreint du tirage n'est point encore, à mon avis, ce qui, pour les bibliophiles, fera plus tard de ce volume une précieuse rareté. Ils s'étonneront bien davantage que ce livre, étant ce qu'il est, c'est-à-dire un journal de voyages, que dis-je? mieux que cela, un récit de chasses, ait été volontairement condamné, par son auteur, à ne pas sortir du cercle de la plus étroite intimité.

Un voyageur qui ne prodigue pas le récit de ses aventures et n'en veut pas étendre la renommée, un chasseur modeste, et, s'il vous plaît, un chasseur marseillais, quelle invraisemblance !

Sur la couverture de ce volume, — qui n'aura pas sa place dans toutes les bibliothèques, on peut le dire à coup sûr, — le nom du voyageur érudit et disert, du chasseur aussi modeste qu'infatigable ne rendra que moins compréhensible une réserve si rarement usitée.

Tenir si peu à se faire lire avec tant de titres à fixer l'attention !

Comment n'applaudir point à cette louable fantaisie de lettré qui sait ce que coûtent, ce que valent et ce que durent les bruyantes célébrités du jour, et pour lequel les suffrages éclairés d'un petit nombre de gens de goût auront toujours plus de saveur et de prix que les grossières faveurs du public ?

Pour moi, — s'il m'est permis de justifier

mon nom au bas de ces lignes, — je me félicite de ce que mon honorable ami, M. Ludovic Legré, faisant violence à ses scrupules de chasseur, de voyageur et d'auteur, ait bien voulu condescendre au désir de ses amis et laisser réunir ses lettres de Sardaigne dans un volume qui ne fût pas trop indigne d'elles.

Ce petit livre m'aura fourni l'occasion d'intervertir un moment les rôles.

J'aurai eu l'honneur, grâce à lui, de porter la parole une fois pour celui qui, si souvent, a pris la peine de parler pour moi.

Mais quelle différence dans le mobile, dans le but et dans les moyens !

Rien n'était moins sûr que mon sort devant les tribunaux où me conduisaient les hasards de la polémique, mais l'éloquence de mon défenseur avait le don de me concilier les bonnes grâces de mes juges.

Quant à mon client improvisé, il se serait bien passé d'emprunter ma voix, peu faite à de tels plaidoyers, puisque j'ai l'heureuse chance de m'adresser à un tribunal devant lequel sa cause est gagnée d'avance.

ETIENNE JOUVE.

Marseille, le 19 décembre 1880.

I

*A bord du Médéah, en vue de Porto-
Torres, le 12 octobre 1879.*

Mon cher ami,

Je ris en pensant à l'étonnement qui va se peindre sur votre physionomie, quand vous reconnaîtrez mon écriture sur une enveloppe de lettre ornée de l'effigie d'un roi et timbrée d'un large disque où vous lirez en caractères exotiques : Porto-Torres.

« Porto-Torres ! » J'entends d'ici votre exclamation. Pas de fausse honte, mon cher ami : avouez que vous n'êtes pas moins ignorant en géographie que la plupart des Français, — nous pourrions citer d'illustres exemples, — et que vous ne savez en quel lieu du monde est située une ville qui se nomme Porto-Torres. Il n'y a pas plus de quinze jours, j'en conviens volontiers, que je suis à cet égard plus avancé que vous.

Apprenez donc que Porto-Torres est le point où l'on aborde quand on arrive directement de Marseille en Sardaigne.

« En Sardaigne ! » Vous voilà tombé de la stupéfaction dans l'ahurissement. Il me semble encore vous entendre faire cette réflexion : « Peut-on bien aller en Sardaigne ? » sur le ton de cette grande dame du siècle dernier qui demandait : « Peut-on bien être Persan ? »

Il faut, mon cher ami, que je débute par une confession. Je vais vous dévoiler une passion qui me dévore, mais que je cherche à dissimuler, — quand je suis sur la terre ferme, — même à l'égard de mes plus chers amis, s'ils ne la partagent pas. S'il y a pour cette passion, comme pour les autres, un démon spécialement chargé de l'attiser, je peux dire que je suis possédé de ce démon-là. Enflammé d'une ardeur inextinguible, j'ai relancé le chamois jusque sur les sommets des Alpes sourcilleuses, j'ai poursuivi le coq de bruyère jusque dans les profondeurs abruptes de la vallée du Queyras. Essayant de justifier par d'ingénieux prétextes de fréquentes escapades, du milieu de l'été au commencement du printemps, je chasse tour à tour, grâce le plus souvent à d'aimables invitations, le lièvre et la perdrix dans la vaste Crau, la caille sur les collines de Montredon, la grive dans l'un des meilleurs postes de Château-Gombert, la palombe du haut d'un agachon aérien du Roucas-Blanc ou du Moulin-du-Diable, la macreuse sur l'étang de Marignane, le canard au bord des *roubines* de la Camargue, la

poule d'eau et la bécassine dans les marais de
la Coustière, la bécasse au milieu des arbousiers et des chênes-liéges de la chaîne des
Maures...

Ici vous interrompez par un éclat de rire la
longue énumération de mes exploits cynégétiques. Je le devine : il vous revient en mémoire et vous avez envie de me poser la
question que certain confesseur adressait à
son pénitent, chapelier de profession, qui
s'accusait de succomber chaque jour à des
tentations réitérées : « Mais quand donc
faites-vous des chapeaux ? »

Hélas ! oui, je suis condamné à faire des
chapeaux. Ah ! s'il n'y avait pas dans mon
existence cet ennuyeux « chapitre des chapeaux, » quelle est la contrée du monde où
ne m'aurait point porté cet amour immodéré
de la chasse ? Je serais allé combattre le lion
au fond des déserts de la Nubie, le tigre dans

les jungles du Bengale, l'auroch sous les noirs sapins des forêts du Nord !... Enfin, je n'ai pas en ce moment le droit de me plaindre de la destinée, puisque je suis en train de réaliser un rêve que je caressais depuis si longtemps. J'avais toujours entendu dire que la Sardaigne est pour les chasseurs un véritable Eldorado, où l'on trouve en abondance le sanglier, le cerf, le daim, le mouflon, que sais-je encore ? Et je vais dans quelques instants fouler cette terre promise.

J'ai glissé dans ma gibecière une petite écritoire et quelques feuilles de papier. Je compte m'en servir le soir pour vous faire le récit de mes aventures. Je n'ai pas l'espoir de vous amuser beaucoup, vous qui n'avez jamais eu la moindre dévotion envers le grand saint Hubert. Mais à mon retour, je vous demanderai mes lettres ; je les jetterai au fond d'un tiroir, et quelque jour, lorsqu'il aura neigé sur ma tête et que mes jarrets affaiblis me condamneront au repos, je serai heureux de les relire et d'y trouver le souvenir d'une campagne qui comptera, j'en suis sûr, parmi les événements les plus mémorables de ma vie de chasseur.

D'ailleurs, si vous avez la patience de lire mes relations, peut-être y trouverez-vous des détails qui vous offriront quelque intérêt. Dès qu'il a été décidé que cette bienheureuse expédition aurait lieu, je me suis mis à compulser jour et nuit tous les ouvrages relatifs à la Sardaigne sur lesquels il m'a été possible de mettre la main, et j'ai noté toutes les circonstances qui m'ont frappé. Je pars avec un portefeuille bourré de notes. Le chasseur, chez moi, n'a pas complètement étouffé l'archéologue. J'ai étudié avec un vif plaisir l'histoire de l'île où nous allons aborder. Il y a dans cette histoire des particularités très attachantes. Je sais, de plus, que l'antiquité et le moyen-âge ont laissé en Sardaigne de curieux vestiges ; je vous signalerai tout ce qui me paraîtra de nature à fixer votre attention. Outre la chasse, le voyage que j'entreprends aura certainement un très grand attrait : c'est de voir un pays presque inconnu, resté fort en arrière de notre prosaïque civilisation, point banal, et dans lequel on n'est pas exposé à rencontrer cette foule de voyageurs horriblement bourgeois, capables de dépoétiser les régions les plus pittoresques de la Suisse ou de l'Italie.

Ah ! par exemple, les renseignements que les livres m'ont fournis ne sont bien flatteurs ni pour les habitants ni pour le climat de la Sardaigne.

Les invectives de Cicéron contre les Sardes sont demeurées célèbres. Il leur jetait à la face l'épithète de *venales*, puis il déclarait qu'ils sont tous pires l'un que l'autre : *alium alio nequiorem*. Il est vrai que depuis le temps du grand orateur, les choses auraient pu changer. Mais que dire du jugement porté sur les contemporains par Joseph de Maistre, qui connaissait bien la Sardaigne puisqu'il y avait exercé des fonctions élevées ? Autant vous admirez la vigueur de pensée du philosophe chrétien, autant, je le sais, vous savourez le style de cet écrivain d'élite, qui n'est nulle part aussi charmant et aussi alerte que dans sa correspondance. Au sujet des Sardes, il écrivait de Saint-Pétersbourg, le 10 juin 1805, au chevalier de Rossi, une lettre dont j'ai transcrit un fragment sur mon calepin. Je vais le recopier ici pour que vous dégustiez vous-même ce chef-d'œuvre d'ironie : « Ce que je puis vous assurer, en vertu d'une expérience que la vôtre n'a sûrement pas contredite, c'est que je ne connais rien dans l'univers au-dessous des *Molentis* (1). Aucune race humaine n'est plus étrangère à tous les sentiments, à tous les goûts, à tous les talents qui honorent l'humanité. Ils sont lâches sans obéissance et rebelles sans courage. Ils ont des études sans science, une jurisprudence sans justice et un culte sans religion.

De nos arts, de nos lois, la beauté les offense.

Le Sarde est plus sauvage que le sauvage, car le sauvage ne connaît pas la lumière, et le Sarde la hait. Il est dépourvu du plus bel attribut de l'homme, la perfectibilité. Chez lui, chaque profession fait aujourd'hui ce qu'elle

(1) De Maistre applique à tous les habitants de la Sardaigne le nom donné aux ânes en langue sarde. Ce mot signifie proprement *meunier*, parce qu'en Sardaigne les ânes sont surtout employés à moudre le blé, en tournant une petite meule.

a fait hier, comme l'hirondelle bâtit son nid et le castor sa maison. Le Sarde regarde stupidement une pompe aspirante (je l'ai vu) et va épuiser un bassin à force de bras et de seaux emmanchés. On lui a fait voir l'agriculture du Piémont, de la Savoie, de la Suisse, de Genève : il est retourné chez lui sans savoir greffer un arbre. La faulx, la herse, le rateau lui sont inconnus comme le télescope d'Herschell. Il ignore le foin (qu'il devrait cependant manger), comme il ignore les découvertes de Newton. Enfin, monsieur le chevalier, je doute beaucoup qu'il soit possible d'en rien faire; du moins on ne peut les traiter qu'à la manière des Romains. Il faut y envoyer un préteur et deux légions, construire des chemins, établir les voitures et la poste, planter force potences, faire le bien sans eux et malgré eux, et les laisser parler sans jamais prêter l'oreille, puisqu'on est sûr de n'entendre qu'une bêtise, une calomnie ou un mensonge. — Vous trouverez le portrait flatté ; mais songez donc qu'un portrait l'est toujours ; il faut pardonner cette petite faiblesse à un peintre qui veut faire sa cour à l'original (1). »

Et le pays ! Le climat y est tempéré ; mais une sorte de *malaria*, que les Sardes nomment *intempérie*, désole une grande partie du territoire et menace particulièrement les étrangers qui ne sont pas acclimatés et qui ne prennent pas les mêmes précautions que les indigènes. Il en était ainsi dans l'antiquité ; tous les témoignages établissent que cette funeste réputation, donnée par la fièvre à la Sardaigne, existait déjà il y a deux mille ans. Cicéron, parlant du Sarde Tigellius, l'appelait : *hominem pestilentiorem patriâ suâ*. Martial, pour exprimer cette vérité qu'on

(1) Mémoires diplomatiques.

n'est, en aucun lieu du monde, à l'abri des coups du sort, dit que, lorsqu'a sonné l'heure fatale, on meurt aussi vite à Tibur qu'en Sardaigne :

Nullo fata loco possis excludere; quum mors Venerit, in medio Tibure Sardinia est.

Et Tacite, racontant que sous Tibère le Sénat fit déporter en Sardaigne quatre mille Juifs, pour y être employés à réprimer le brigandage, exprime avec une saisissante et presque intraduisible concision que l'on prévoyait bien à quel point l'air empesté du pays éclaircirait leurs rangs : *et si ob gravitatem cœli interiissent, vile damnum.* — *Vile damnum* ! C'est ainsi que « ce gueux de Tacite » traitait les ancêtres de Monsieur le baron de Rothschild.

J'abuse, mon cher ami, des citations que me fournit mon érudition de fraîche date.

N'allez pas croire au moins que je cherche à me hausser dans votre estime, en évoquant à vos yeux l'image des mille dangers que nous allons affronter de gaîté de cœur. Non, si je voulais vous inspirer une haute idée de notre force d'âme, je me contenterais de vous dire que nous n'avons pas craint de fixer à un vendredi le départ pour notre grande expédition !

Il y a donc tout juste deux jours et deux nuits que, par une de ces belles matinées dont octobre est prodigue, nous avons quitté le port de la Joliette. Le temps était splendide, le soleil rayonnant, la mer unie et miroitante. Embarqués à bord du *Médéah*, de la Compagnie Fraissinet, recommandés par la bienveillance des armateurs à l'aimable capitaine Jouve, nous avons fait joyeusement la traversée. Le navire a relâché pendant une journée dans la rade d'Ajaccio, où nous entrions l'autre nuit, avec le clair de lune. Je me trouvais alors sur la passerelle, et j'ai été vivement impressionné par la grandeur du spectacle. Dans ce délicieux chef-d'œuvre qui s'intitule *Colomba*, Mérimée a comparé le golfe d'Ajaccio à la baie de Naples. Dès qu'on a dépassé les îlots de granit rouge, nommés les Sanguinaires, on voit la rade qui s'ouvre et s'étend au loin, comme un lac immense. Sur les bords de l'eau se reflète une ceinture de montagnes dentelées, que la lumière colore d'azur et de pourpre. Les premiers plans sont revêtus d'une teinte assombrie par le feuillage des mâquis, au milieu desquels émergent, çà et là, de petits monuments d'une blancheur éclatante, épars dans la verdure : ce sont des tombeaux. Au fond du golfe apparaît, coquettement posée, la ville d'Ajaccio, blanche dans la journée, toute scintillante le soir.

Vous me dispenserez de vous décrire Ajaccio. Je vous dirai seulement que nous y avons employé le temps à voir la belle collection de tableaux légués à la ville par le cardinal Fesch, puis à visiter la maison où est né Napoléon Bonaparte. C'est là ce que le chef-lieu de la Corse offre de plus intéressant aux étrangers. Cette maison, d'ailleurs, n'a rien de remarquable sous le rapport architectural. Ce que l'on y trouve de plus curieux, c'est le mobilier, laissé tel qu'il était il y a cent vingt ans. J'ai considéré, avec tout le plaisir qu'éprouve en pareil cas un amateur de bric-à-brac, les vieux fauteuils de différents styles, les vieilles consoles, le clavecin, les incrustations d'un élégant secrétaire en marquetterie. Je me suis souvenu du tapis historique sur lequel vint au monde le moderne César. Notre cicerone nous apprit qu'on l'avait transporté à Paris.

Nous voici à Porto-Torres. C'est un port de la dimension de celui de Cassis ou de Bandol, pour prendre un point de comparaison sur notre littoral. La passe est étroite et difficile à franchir, nous dit le capitaine. Nous entrons cependant. Une vieille tour du moyen-âge s'élève à l'extrémité de la jetée. Il y avait ici, au temps des Romains, suivant ce que mes notes m'apprennent, une ville importante qui s'appelait *Turris Lybissonis*. Il en reste quelques ruines. Mais la région est de celles où la fièvre fait le plus de ravages. Il n'est donc pas prudent de s'y arrêter. D'ailleurs nous apercevons sur le quai une locomotive qui chauffe. C'est le train qui va nous mener à Sassari, d'où je vous écrirai encore.

Je devrais, avant de fermer ma lettre, vous prier d'excuser ce griffonnage. Mais, outre que des excuses de ce genre sont toujours suspectes d'hypocrisie, je vous ai franchement dévoilé le mobile tout égoïste qui me pousse à vous écrire. Vous n'êtes donc en aucune façon forcé de lire, il suffit que vous ne jetiez pas au feu les volumineuses épitres de

       Votre prolixe ami,

       L. L.

II

Sassari, le 12 octobre 1879.

Mon cher ami,

La locomotive franchit en trois-quarts d'heure la distance qui sépare Porto-Torres de Sassari. Grâce au railway qui relie les deux villes, la première est devenue le faubourg maritime de l'autre, dont l'importance est d'ailleurs bien plus considérable.

Le chemin de fer, construit par des Anglais, est organisé et fonctionne à peu près comme chez nous. Nous notons cependant un détail qui nous paraît typique. Il y a ici des voitures de quatrième classe. Ce sont tout simplement des wagons à bestiaux, dépourvus de siéges ; on y est condamné à rester debout, ou à s'accroupir sur le plancher. C'est là pourtant que nous voyons monter le plus de monde. Les pauvres gens qui s'y entassent sont déguenillés, sordides, minables. Rien ne dénote mieux que la misère est grande en ce pays.

Le train a stoppé. Nous arrivons à Sassari. La rue dans laquelle nous pénétrons, presque en face de la gare, est justement la principale, celle qui donne à la ville sa physionomie caractéristique : quand on a parcouru jusqu'à son extrémité cette longue rue, on peut dire que l'on a vu Sassari. Elle est d'ailleurs de nature à charmer un amoureux du pittoresque : d'une largeur qui varie, mais plutôt étroite, elle va en s'infléchissant un peu et en montant toujours, bordée de vieilles maisons dont quelques-unes ont encore des fenêtres ogivales et des sculptures gothiques ; des deux côtés font saillie de nombreux balcons en fer artistement ouvragés.

Le moment est bien choisi pour voir Sassari. C'est aujourd'hui dimanche ; dix heures viennent de sonner à l'horloge de l'Hôtel de Ville. Un magnifique soleil fait ruisseler partout ses rayons et met en pleine lumière la foule curieusement bigarrée qui emplit la rue. Il y a bien là quelques bourgeois, habillés comme le sont les bourgeois de tous les pays. Pourtant le costume national y domine. Ce costume où, pour les hommes, il n'entre que du noir et du blanc, est d'aspect sévère. Mais quel contraste avec la toilette des femmes sardes ! Figurez-vous, mon cher ami, des jupes aux couleurs les plus crues et les plus éclatantes, jaune, bleu, le plus souvent écarlate ; des corsages en drap d'or, en vrai drap d'or ; des coiffures indescriptibles ; des bijoux étranges, en argent et en or, ne ressemblant à aucun de ceux que nous sommes habitués à voir. C'est un délicieux régal pour les yeux d'un coloriste.

Cette foule va, vient, monte, descend, toujours bruyante et animée. De temps en temps elle s'écarte pour laisser passer un petit âne chargé de deux barils. Ces *molenti* (c'est le nom que les Sardes leur donnent) ne sont pas plus gros que les ânes d'Alger; ils sont conduits par des porteurs d'eau qui font métier d'aller remplir leurs barils à la belle fontaine du Rosello, située hors des murs, pour approvisionner ensuite les habitants de la ville.

La rue s'allonge toujours et nous conduit à un carrefour au milieu duquel se dresse une statue en marbre blanc. L'inscription nous apprend qu'elle a été élevée à Dominique-Albert Azuni. C'est du reste l'œuvre d'un médiocre sculpteur. Malgré le soleil qui l'inonde, le vieux jurisconsulte semble grelotter dans sa robe étriquée de professeur ou de magistrat. Azuni, né à Sassari en 1749, est une des illustrations de la Sardaigne. Il doit principalement la célébrité à ses études sur le droit maritime de l'Europe. Son autorité en cette matière était si grande qu'il fut appelé par le gouvernement français à faire partie de la commission chargée de réunir les éléments de notre code de commerce. Il remplit ensuite les fonctions de président de la cour de Gênes. Quand cette ville, à la chûte de l'Empire, cessa d'appartenir à la France, Azuni revint en Sardaigne, où il fut attaché à l'université de Cagliari. Il y mourut en 1827.

Parmi les ouvrages qui m'ont servi avant mon départ à étudier le pays, j'ai trouvé une *Histoire géographique, politique et naturelle de la Sardaigne* qu'Azuni écrivit en français et qu'il fit imprimer à Paris en 1802. J'ai constaté avec plaisir que sur le frontispice de ce livre il se parait du titre de membre de l'Académie de Marseille. Il avait d'ailleurs des relations avec notre ville : il s'était, par son mariage, allié à une famille marseillaise. Enfin nous lui devons des recherches intéressantes sur les anciens navigateurs de Marseille, et je me souviens d'avoir lu autrefois une notice sur les voyages de Pythéas qu'il avait publiée dans les Mémoires de notre Académie.

En face de la statue d'Azuni est situé un hôtel d'apparence engageante et qui certainement occupe à Sassari le premier rang : c'est l'hôtel Bertrand. Nous sommes heureux d'entendre prononcer ce nom éminemment français, qui nous apprend que cet hôtel est tenu par un compatriote. M. Bertrand est fort aimable. Nous l'accablons de questions relatives aux contrées que nous allons parcourir. Le langage de notre hôte, il faut le reconnaître, manque d'élégance ; mais son opinion sur les Sardes ressemble en tout point, — sauf la forme, — à celle du terrible comte de Maistre. Ses renseignements se résument en cette formule, entièrement dénuée d'atticisme, mais qui paraît sortir *ex imo pectore* : « Ah ! messieurs, j'en ai plein le dos de la Sardaigne ! »

Cette boutade ne nous décourage pas. Nous n'en persistons pas moins à espérer que notre excursion en Sardaigne nous offrira un vif attrait. Après notre installation à l'hôtel et une toilette sommaire, nous allons continuer notre promenade à travers la ville.

La longue rue que nous reprenons aboutit à une place qui est large, régulière, et qui a vraiment grand air. On y remarque deux édifices à peine achevés, situés en face l'un de l'autre, et occupant chacun tout un côté de la vaste place. L'un est le *palazzo* que se fait construire un riche banquier ; l'autre sera l'hôtel de la préfecture. Si vous pensiez, mon cher ami, que l'on pût appliquer le qualificatif de *beau* au palais préfectoral de Marseille, celui de Sassari mériterait le même éloge, car il y a entre les deux une ressemblance frappante. Décidément il existe pour les monuments de ce genre un art international et uniforme, dont les pontifes ont proscrit avant tout l'originalité.

Nous redescendons la *Strada Maggiore* et, guidés par le son d'une cloche, nous nous disposons à entendre la messe dans une petite église du faubourg, dédiée à *Sant' Antonio*. Tout nous paraît pauvre dans cette église : l'architecture, les ornements, les fidèles. Un de mes compagnons me fait remarquer d'étranges *ex-voto* apppendus aux murs : ce sont des bras et des jambes en cire sur lesquels on a figuré les ulcères de ceux qui, par l'intercession du saint, en ont obtenu la guérison. Le grand nombre de ces *ex-voto* donne une assez triste idée de la santé publique en ce pays.

C'est dans la grande rue que se trouvent les cafés et les principaux magasins ; quelques-uns ne sont pas dépourvus d'une certaine élégance. Nous entrons chez un libraire, où nous trouvons l'ouvrage du général Albert de La Marmora, que nous n'avions pas pu acheter en France. L'auteur de ce livre était le frère de cet autre général, Alphonse de La Marmora, qui commandait en Crimée le contingent des troupes sardes. Le comte Albert, venu une première fois en Sardaigne, étant simple capitaine, pour y faire des études ornithologiques, fut vivement impressionné par les charmes du pays, dans lequel il devait être appelé plus tard à exercer une sorte de vice-royauté, et il entreprit de le décrire sous tous ses aspects. Il a dressé une carte de l'île, qui est un véritable monument. Ses longues et consciencieuses études se trouvent résumées en deux gros volumes in-octavo, que le savant général a eu la bonne idée d'écrire en français et qui ont été imprimés à Turin, en 1860, à l'imprimerie royale, avec ce titre : *Itinéraire de l'île de Sardaigne*. Nous ne pouvions pas nous munir d'un meilleur *vade mecum*, et je suis sûr d'y puiser de précieuses indications.

Nous voici maintenant tous réunis autour d'une table de café ; pendant que mes amis discutent, je rédige pour vous, au vol de la plume, ces notes incohérentes.

Peut-être serez-vous bien aise que je vous dise un mot de mes cinq compagnons, qui ne vous sont pas connus, aucun d'eux n'étant Marseillais.

Nous avons pour doyen un grave personnage : le vice-président de la Chambre de commerce d'une des principales ville d'un département voisin, dans lequel toute sa famille jouit, d'ailleurs, de la considération la mieux justifiée. Il est accompagné d'un frère plus jeune, qui est pessimiste autant que l'aîné est optimiste. Charles G... se plaît à revêtir la Sardaigne d'une teinte rose ; Louis, au contraire, est disposé à tout y voir sous les plus sombres couleurs.

Il y a contraste aussi, mais surtout physique, entre deux de leurs concitoyens. L'un, qui porte le nom si provençal de Marius, est petit, alerte, dur à la fatigue, passionné pour la chasse : c'est le vrai type du braconnier de la Provence. L'autre se distingue par sa taille presque démesurée, mais qui donnera aux

Sardes une fière idée de la stature française :
il est digne, froid et réservé comme un diplomate anglais, et il pense que si la chasse est un plaisir, c'est un plaisir bien fatigant. On a remarqué que le destin semble prendre un malicieux plaisir à affubler les humains d'un nom qui jure avec leurs qualités. Pour celui-ci, le sort n'a pas eu semblable ironie : il a suggéré à son parrain l'idée de l'appeler Maxime !

Enfin notre bande joyeuse se trouve admirablement complétée par la présence d'un jeune et sémillant avocat, Maître Léon R..., venu du département des Alpes-Maritimes. Il est doué de la plus aimable éloquence et il a sur nous tous l'avantage de parler d'une façon irréprochable la langue de l'Arioste et du Tasse. Quand il y aura un discours à prononcer, il sera l'orateur en titre de la troupe. Il a de plus ces allures de grand seigneur qui plaisent singulièrement aux Italiens. Je me servirais d'une figure quelque peu irrévérencieuse, si je disais qu'il va jeter de la poudre aux yeux des naturels du pays ; mais je maintiens l'expression avec ce correctif : que ce sera de la poudre d'or.

En ce moment, le grand sujet sur lequel on délibère, c'est l'itinéraire à choisir pour arriver jusqu'au cœur de la Sardaigne, où nous sommes attendus. Grave question en vérité ! Autant d'opinants, autant d'avis. Nous usons largement du système parlementaire. La suite nous apprendra si ce régime, comme certaine médication recommandée par les prospectus, est utile à suivre en voyage.

III

Lanusei, le 14 octobre 1879.

Dieu soit loué, mon cher ami! Nous voici enfin parvenus à l'endroit où nous devions établir notre quartier général, pour nous livrer à ces grandes chasses dont l'attrait nous a déterminés à entreprendre notre laborieuse expédition. D'après l'unanimité des témoignages que nous recueillons depuis notre arrivée en Sardaigne, le lieu ne pouvait être mieux choisi. Nous sommes dans une région élevée, salubre, accidentée, pittoresque et giboyeuse. Mais, sapristi! il n'était pas facile d'atteindre ce bienheureux pays!

Toujours imbu de cette idée que vous ignorez la géographie en général, et celle de la Sardaigne en particulier, je vais essayer de vous faire comprendre où nous sommes.

La Sardaigne n'est pas, comme la Corse, entièrement hérissée de montagnes : on y trouve, notamment le long de la côte occidentale, des plaines d'une vaste étendue. Les massifs montagneux, disséminés sur toute la surface de l'île, occupent principalement l'espace le plus voisin de la côte orientale. Parmi ces massifs, le plus important est celui que couronne le géant des monts sardes, le Gennargentu (1918 mètres d'élévation au-dessus du niveau de la mer, d'après le général de La Marmora). Il est placé comme latitude à peu près au centre de la Sardaigne ; il est, en longitude, beaucoup plus rapproché du rivage qui fait face à l'Italie. Les plages sont rares sur ces bords. Les diverses ramifications de la montagne viennent se terminer brusquement par des falaises dont les soubassements plongent dans la mer.

Le village de Lanusei est construit, à une altitude de 800 mètres environ, sur une chaîne qui se relie au revers oriental du Gennargentu. Du sommet où il est ainsi perché, on aperçoit la mer, à 15 ou 20 kilomètres au plus.

Il est certain que pour nous rendre de Porto-Torres à Lanusei, le moyen le plus simple était de nous embarquer sur un bateau à vapeur de la compagnie Rubattino, qui va une fois par semaine de Porto-Torres à Cagliari, en longeant la côte orientale, où il fait escale dans chacun des petits ports qu'il rencontre.

Si nous choisissions la voie de terre, il n'y avait, d'après nos renseignements, qu'un seul itinéraire qui nous permît d'être voiturés tout le temps. Il fallait descendre jusqu'à Cagliari, c'est-à-dire jusqu'à l'extrémité sud de l'île, et de là remonter vers le nord jusqu'à Lanusei. Ce devait être un long et fatigant trajet. Le chemin de fer qui mettra dans quelques années Porto-Torres en communication directe avec Cagliari n'a, pour le moment, que deux tronçons terminés; on franchit en voiture l'espace intermédiaire. — De Cagliari à Lanusei, il existe une route carrossable, de construction récente; mais la distance est considérable : il y a pour le moins vingt-quatre heures de diligence.

Le choix définitif d'un itinéraire était, à bord du *Médéah*, le grand sujet de nos méditations, de nos études et de nos colloques. Dans cette lutte entre les deux éléments, qui l'emporterait, la terre ou la mer ? Opter pour celui des deux que les amateurs de périphrases appellent encore le perfide élément, semblait pourtant le parti le plus sage. Mais *ce mal qui répand la terreur*, le mal de mer, jetait l'épouvante dans nos âmes. Prendre à Porto-Torres le bateau Rubattino, c'était prolonger le supplice au moins pendant vingt heures. D'un autre côté, descendre par terre jusqu'à Cagliari, puis revenir, pour ainsi dire, sur nos pas, par une route presque parallèle, c'était faire le chemin de l'école et retarder de plusieurs jours ces grandes solennités cynégétiques qui nous promettent un si vif plaisir.

Un voyageur qui allait en Sardaigne pour y acheter, nous dit-il, une forêt située dans une contrée voisine de celle où nous nous rendions, intervint alors dans nos débats et nous proposa un itinéraire auquel nous étions loin de songer. Il s'agissait d'arriver par terre à notre destination sans dévier de la ligne droite. Il est vrai que nous n'aurions sur cette ligne qu'un tronçon de route carrossable. Mais nous trouverions à louer des chevaux, qui constituent le système de locomotion le plus usité en Sardaigne. Il y aurait environ cent kilomètres à parcourir de cette façon. Sans doute cette longue chevauchée nous fatiguerait un peu, mais en revanche nous aurions l'avantage de traverser la région si pittoresque du Gennargentu et cette sauvage *Barbagia*, ainsi nommée aujourd'hui encore parce qu'elle servit d'asile, dans l'antiquité, aux *Barbaricini*, montagnards farouches qui surent résister à l'oppression des conquérants successifs de la Sardaigne.

La perspective d'un trot de cent kilomètres avait fait faire la grimace aux sybarites de la bande. Mais la majorité fut séduite par l'idée de traverser le coin le plus reculé et le plus étrange du pays, où nous serions d'ailleurs guidés par l'auteur même de la proposition. A

Sassari, nous décidâmes que nous prendrions le chemin du Gennargentu.

Nous étions en train de déjeuner à l'hôtel Bertrand, et nous adressions à notre guide improvisé mille questions sur la contrée que nous allions parcourir sous sa conduite, lorsque notre conversation fut brusquement interrompue par une exclamation du garçon qui nous servait.

C'était un jeune Italien dont nous avions déjà remarqué la belle prestance et la physionomie intelligente.

En entendant prononcer par l'un de nous le nom de Gennargentu, nous le vîmes lever les bras au ciel : « Ah ! *signori*, nous dit-il avec une singulière vivacité, que Dieu vous garde de vous risquer en un pareil endroit ! Il y a là une bande de brigands qui tient la campagne, et qui a déjà commis je ne sais combien d'assassinats. Et ce que je vous dis est tellement vrai, que nous avons vu passer à Sassari, il y a quelques jours à peine, un bataillon de bersagliers que le gouvernement envoyait dans la montagne pour combattre ces brigands. »

Sur ce, violente dénégation de notre acheteur de forêts, avec accompagnement de jurons dont je vous fais grâce : « Ce garçon est fou ; ne croyez pas un mot de ce qu'il dit. Il y a trente ans que je parcours la Sardaigne dans tous les sens, et je n'ai jamais rencontré l'ombre d'un brigand. Les meurtres sont fréquents, j'en conviens, dans la région où nous nous rendons. Mais c'est pour les Sardes une façon de régler leurs affaires de famille, rien de plus. Les étrangers, loin d'être exposés au moindre péril, n'ont jamais qu'à se louer de leurs procédés hospitaliers. »

Je dois à ma conscience d'historien de déclarer que plus d'un, parmi nous, avait blêmi en écoutant les pressantes objurgations du *cameriere* italien, et je vis clairement que tous mes amis renonçaient déjà à tenter l'aventure J'étais le seul qui ne fût point ébranlé. Non que je veuille, mon cher ami, vous laisser croire que la dose de bravoure dont je suis doué l'emportait sur celle de mes compagnons, mais j'étais plus disposé qu'aucun d'eux à accorder confiance aux protestations indignées de l'énergique défenseur de la probité sarde.

Notre aimable président, Charles G..., ouvrit un avis digne de la sagesse de Nestor. « Il y a, nous dit-il, à Sassari, un consul de France. Ce fonctionnaire doit être exactement renseigné sur ce qui se passe dans le pays. Allons lui demander conseil. »

Et nous voilà allant, au nombre de trois, en députation chez le consul.

Celui-ci confirma tous les renseignements

donnés par le garçon. Il les précisa même et y ajouta de nouveaux détails. La bande de brigands en armes se composait de soixante hommes. Rien n'était plus véridique que le récent passage à Sassari d'un bataillon de bersagliers, envoyé par la division militaire de Rome pour donner la chasse à ces brigands. Le dernier meurtre connu était celui d'un commis-voyageur qui avait été trahi par son propre guide.... Conclusion : Il y aurait folie insigne à ne pas abandonner notre projet.

En même temps, l'obligeant consul nous communiqua l'idée d'un nouvel itinéraire qui nous sourit beaucoup, parce que c'était une ingénieuse combinaison de la voie de terre et de la navigation sur la côte : « Prenez, nous dit-il, le chemin de fer jusqu'à Oziéri, où vous coucherez ce soir. Vous y louerez, demain matin, une voiture qui vous conduira au port de Terranova où vous attendrez le passage du bateau Rubattino. Vous aurez, de cette façon, l'occasion de traverser dans le sens de la largeur le nord de la Sardaigne, et de Terranova à Tortoli, où vous débarquerez pour vous rendre à Lanusei, vous n'aurez guère à subir qu'une traversée de douze heures. »

C'est ce plan qui a été, en définitive, adopté et suivi. Nous quittions Sassari le même jour, criblés d'épigrammes par le voyageur à qui nous faussions compagnie, et nous arrivions au coucher du soleil à Oziéri, petite ville de 8,000 habitants que nous n'avons guère pu voir qu'à la lueur du crépuscule. Je ne vous dis rien de l'auberge où nous sommes allés chercher un gîte. Il paraît qu'en Sardaigne, même dans les villes d'une certaine importance, à l'exception des deux capitales de Cagliari et de Sassari, un bon gîte est toujours chose fort difficile à trouver. Mais ce que nous eûmes encore plus de peine à nous procurer, ce fut un véhicule. Je vous épargne le récit de nos laborieuses négociations avec les voituriers du lieu. Enfin, nous traitons avec l'un d'eux, mais à une condition. Le départ sera devancé. Nous ne coucherons pas à Oziéri. Nous partirons à minuit, et nous ferons demain une halte de deux heures à Monti pour laisser reposer les chevaux.

C'était, du reste, sans aucun regret que nous renoncions aux lits de l'auberge d'Oziéri. A minuit nous nous empilons dans une petite diligence où nous avons toutes les peines du monde à caser nos personnes, nos chiens, nos fusils, nos bagages. Il ne saurait être question de fermer l'œil. Mais ce n'est pas la peur des brigands qui nous tient éveillés. Le consul de Sassari nous a affirmé que cette partie de la Sardaigne est complètement sûre.

Avec quelle impatience on attend le lever
du jour quand on est cahoté pendant toute
une nuit dans une diligence sarde ! Aux
premières clartés de l'aurore, nous jetons des
regards avides sur le paysage, dont la vue, à
ce moment, nous procure une vraie jouis-
sance. La route que nous suivons court
parallèlement à l'axe d'une chaîne de montagnes qui s'élève à une hauteur vertigineuse.
Notre carte nous apprend que ce sont les
monts Limbara. Imaginez, mon cher ami,
une gigantesque masse de granit rose, toute
déchiquetée, et qui s'empourpre, au soleil
levant, d'une admirable teinte vermeille.
Les sommets sont festonnés des plus capri-
cieuses dentelures. Sur le flanc de la chaîne
nous apercevons, à mi-côte, un village
dont la blancheur se détache du fond rose :
c'est Berchidda. Nous distinguons même,
tout près de là, les ruines du château de

Monte-Acuto, nom que l'on retrouve souvent quand on étudie l'histoire de la Sardaigne féodale.

A droite et à gauche de la route s'étendent de vastes mâquis où s'enchevêtrent les lentisques et les cistes au feuillage vert foncé, à l'odeur pénétrante. De temps en temps nous longeons de grands enclos avec des murs en pierres sèches, au milieu desquels paissent en liberté des bœufs qui nous regardent d'un œil stupide ou farouche.

La route s'allonge. Nous sommes émerveillés de la vigueur des chevaux sardes. Les nôtres ont marché pendant toute la nuit, sans s'arrêter un instant : ils marchent encore pendant toute la matinée. Et pourtant ce ne sont que de maigres bidets, efflanqués, mal en point. Nous avons pitié d'eux. Nous mettons pied à terre et nous nous hâtons vers Monti où nous devons faire halte.

Le paysage a changé. Nous côtoyons maintenant des bois de haute futaie. Nous remarquons de grands chênes-liéges où piaulent des geais. La vue peut s'étendre au loin, mais on ne découvre ni village, ni habitation, ni ferme isolée. On comprend combien le pays est dépeuplé. De temps en temps, mais pourtant à de grandes distances, on voit s'élever au bord de la route une maison de cantonnier, une *cantoniera*. Ce sont des constructions spacieuses, disposées en vue d'offrir, dans ce pays à peu près désert, un refuge aux voyageurs. La route d'ailleurs, quoique fort belle, est peu fréquentée. Une rencontre est presque un événement. A de longs intervalles on voit venir au grand trot un cavalier que l'on est tenté de prendre pour un Bédouin, en apercevant son teint basané, sa barbe d'un noir brillant, le long canon de fusil qui brille sur son épaule, le sabre passé en travers de sa ceinture : c'est tout simplement un paysan sarde qui va aux champs.

La contrée que nous traversons fait partie de la Gallura, province dont le nom est célèbre dans l'histoire de la Sardaigne au moyen-âge.

L'île, qui n'a guère connu qu'à cette époque l'indépendance nationale, était alors divisée en quatre *judicats*, ainsi nommés parce qu'ils étaient gouvernés par des souverains auxquels on ne donnait d'autre titre que celui de *juges*. Les quatre judicats s'appelaient : Cagliari, Arborée, Torres ou Logudoro et Gallura. L'histoire des juges offre des péripéties du plus vif intérêt.

Le dernier juge de Gallura fut ce Nino que Dante rencontre dans le Purgatoire.

« Il vint vers moi, et moi j'allai vers lui : noble Juge ! ô Nino ! que j'eus de plaisir à voir que tu n'étais point parmi les coupables ! »

Nino se plaint d'avoir été oublié par sa femme, Béatrice d'Este, qui a déposé les bandeaux blancs du veuvage pour se remarier avec Galéas Visconti de Milan, et il ajoute fièrement : « La vipère qui est dans l'écusson des Milanais ne lui fera pas une aussi belle sépulture que la lui aurait faite le coq de Gallura. »

Non le farà si bella sepoltura
La vipera che i Milanesi accampa
Com' avria fatto il gallo di Gallura (1).

Dante avait déjà placé dans son Enfer un moine sarde, *frate Comita*, coupable d'avoir trahi ce même juge Nino qui lui avait confié pendant son absence les rênes du gouvernement, et qui le fit pendre à son retour. Le poète flétrit ainsi le traître : « C'est frère

(1) *Purgat.*, ch. VIII.

Comita, — gouverneur de Gallura, vase d'iniquité, qui eut dans sa main les ennemis de son maître et fit de sorte qu'ils se louèrent tous de lui ; — il prit leur or et les laissa libres, comme il le dit lui-même, et dans ses autres emplois il ne fut pas un médiocre, mais un parfait prévaricateur. Avec lui converse souvent Don Michel Zanche de Logudoro, et leurs langues ne se sentent jamais lasses de parler de la Sardaigne (1) ».

Tout en évoquant ainsi les damnés de l'enfer dantesque, nous cheminions d'un pas redoublé, car des vignobles que nous découvrions sur les coteaux environnants nous signalaient l'approche du village de Monti.

Bientôt, en effet, nous voyons apparaître le clocher. Le pays est en pleine vendange. De braves gens en train de cueillir du raisin

(1) *Inf.*, ch. XXII, trad. Brizeux.

tout près de la route, nous appellent, nous questionnent dans leur incompréhensible dialecte, et nous offrent, avec une cordialité touchante, leurs plus belles grappes.

Monti est un tout petit village qui nous paraît bien misérable. Nos pauvres chevaux, essoufflés, s'arrêtent enfin et sont dételés. On nous indique une auberge. Nous entrons dans une masure noire et délabrée : nous y sommes éblouis par la beauté de l'hôtesse, beauté que fait ressortir cette élégance originale qui nous a frappés à Sassari : corsage de drap d'or et jupe écarlate. Mais ce que celle-ci possède à un plus haut degré que la beauté, c'est la grâce, une grâce nonchalante dont le charme est inexprimable. Elle nous sert un frugal déjeuner, et bien qu'elle n'entende pas un mot de la langue que nous parlons, elle comprend et elle savoure assurément, avec cette coquetterie innée chez toute femme, l'admiration qu'elle a inspirée à ces aimables étrangers.

A midi, nous nous replaçons dans notre petite diligence qui se remet à rouler sur la route poudreuse. Malgré la chaleur, qui est grande, nos braves petits chevaux trottent avec une ardeur nouvelle. Nous sommes anxieux. Arriverons-nous à temps? Le bateau Rubattino touche à quatre heures au port de Terranova et repart presque immédiatement. Il ne fait qu'un seul voyage par semaine. Si nous le manquions, que deviendrions-nous dans ce pays qui offre si peu de ressources, où nous n'avons point de relations et dont l'insalubrité est fort à redouter? Heureusement, à partir de Monti la route descend vers le fond d'une vallée à l'extrémité de laquelle on devine plutôt qu'on n'aperçoit la mer. Nous quittons un instant la voiture, au bas de la descente, pour traverser sur une passerelle provisoire un torrent nommé Rio di Padrogiano : des ouvriers y travaillent à la construction d'un pont en maçonnerie. Nous laissons à droite les ruines du château féodal de Telti.

Nous stimulons notre cocher ; il fouette l'attelage. Nous voyons bientôt s'élever devant nous une vieille église dont le temps a revêtu les pierres d'une teinte jaune d'or. C'est la basilique de Saint-Simplicius, vénérable monument qui remonte à une époque très reculée. Nous sommes enfin à Terranova. Nous traversons le village au galop et nous arrivons sur le quai. Il est quatre heures, et justement nous apercevons le vapeur de la compagnie Rubattino, le *Comte-Menabrea*, qui franchit l'entrée du port et se dirige vers le point où nous sommes en train de décharger nos bagages. Nous voilà sauvés ! et nous pouvons admirer à l'aise le site superbe qui se déroule sous nos yeux.

C'est le port de Terranova, vaste bassin naturel, entouré de tous les côtés par une ceinture de hauts rochers que le soleil couchant colore en ce moment d'un rouge de pourpre. Une île rocailleuse se dresse à l'entrée du port, complétant le paysage par le décor de ses escarpements. L'île de Tavolara (tel est le nom qu'elle porte) est inculte et déserte : elle n'est habitée que par des chèvres devenues sauvages, que des chasseurs aventureux vont quelquefois poursuivre en bravant le danger des précipices.

Ce merveilleux port de Terranova est entièrement vide ; à peine si l'on y trouve quelques barques de pêcheurs. Mais il n'en a pas toujours été ainsi. Sur l'emplacement qu'occupe le mesquin village d'aujourd'hui, il y eut autrefois une cité florissante, active, riche et pompeuse, Olbia. Quintus Tullius, frère de Cicéron, y avait résidé comme légat de Pompée. Déjà l'*intempérie* y était à craindre, car le célèbre orateur écrivait à son frère : « *Cura, mi frater, ut valeas et quanquam est hiems, tamen Sardiniam istam esse cogites.* »

Nous grimpons à bord du *Comte-Menabrea* au milieu d'un détachement de fantassins italiens qui vont tenir garnison à Cagliari. Le navire se remet en marche. Accoudés à l'arrière nous admirons en silence le magnifique spectacle que nous offre le golfe de Terranova.

Le bateau s'engage dans un étroit bras de mer fermé d'un côté par les rochers du cap Coda-Cavallo et de l'autre par l'île Molara, qui fait suite à celle de Tavolara. Bientôt nous glissons sur la mer Tyrrhénienne. Le ciel est d'une pureté que ne ternit pas la plus légère vapeur, et la mer n'a pas une ride. Nous n'échangeons entre nous aucune observation, mais je suis sûr que nous éprouvons tous les mêmes impressions ; nous traversons, en effet, une de ces heures, — si fugitives, hélas! — où tout semble s'accorder pour permettre à l'homme de savourer la douceur de vivre.

La nuit vient et nous apporte un plaisir d'un nouveau genre. Il y avait à bord un professeur de belles-lettres qui se rendait, comme nous, à Lanusei, et avec lequel, à ce titre, on nous avait mis en relation à Sassari. Cet aimable Italien groupe autour de lui, sur le pont du navire, quelques-uns de ses compatriotes, et se met à leur réciter des poésies de Manzoni. Il déclamait ces beaux vers avec un sentiment exquis, et c'était un ravissement que d'écouter ainsi, dans le silence de la nuit, cette langue sonore, harmonieuse et cadencée.

A quatre heures du matin, nous arrivons au mouillage de Tortoli : la petite ville de ce nom est distante de trois ou quatre kilomètres. Sur le quai désert nous trouvons une bonne calèche qui nous attend. C'est une attention de notre ami, l'excellent abbé M..., que nous avons connu à Marseille et qui nous a invités à venir à Lanusei, où il va être nommé curé. Nous traversons Tortoli sans nous y arrêter et nous voyons tout-à-coup se dresser devant nous une grande montagne sombre, presque au sommet de laquelle on nous montre les maisons blanches de Lanusei, dont les premiers rayons du soleil levant font étinceler les vitres. Malgré les mille contours que fait la route, la montée est raide, ce qui n'empêche pas nos chevaux de galoper. A sept heures nous entrons dans la principale rue du village, et nous sommes reçus à bras ouverts par le digne abbé M...

Mais je ne vous en dis pas davantage pour aujourd'hui, mon cher ami; qu'il vous suffise de savoir que nous sommes arrivés, ce qui n'était pas petite affaire, vous l'avez vu.

J'ajoute seulement que notre premier soin, en débarquant ici, a été de questionner les gens du lieu sur l'existence des brigands. Tous ceux à qui nous nous sommes adressés ont levé les épaules et traité de fable ce que l'on nous a raconté à Sassari. Les meurtres ne sont malheureusement pas rares, nous a-t-on dit, et notamment dans le village d'Arzana, situé à une lieue et que l'on aperçoit de Lanusei, il ne se passe guère de semaine sans que quelqu'un soit assassiné. Le poignard ou le fusil y ont fait disparaître des familles entières. Mais ces meurtres n'ont jamais le vol pour mobile. Les indigènes vident ainsi leurs différends. Quant aux étrangers, ils sont toujours respectés et bien traités. N'ayez donc aucune inquiétude sur le sort du téméraire

L. L.

IV

Lanusei, le   octobre 1879.

Mon cher ami,

Quelque soin que l'on mette à faire avec la plume des descriptions de lieux, ces descriptions ne parviennent jamais, ce me semble, à donner à celui qui les lit une notion exacte de l'objet décrit, et j'ai toujours pensé que le fameux *Ut pictura poesis* constituait, en matière de paysage du moins, une de ces énormités paradoxales dont la crédulité humaine se paie si volontiers.

Vous me dispenserez, par conséquent, de

vous décrire le village de Lanusei. Mais comme je veux que vous en ayez une idée, j'aurai recours à une comparaison. Avez-vous quelquefois, dans vos promenades aux environs de Marseille, porté vos pas jusqu'à Allauch ? Assurément. Eh bien ! si vous voulez vous figurer comme situation, comme importance et même comme aspect, le lieu que j'habite en ce moment, représentez-vous le village d'Allauch.

Mais Allauch élevé à la dignité de sous-préfecture, tout comme Brignoles ou Forcalquier. La bureaucratie française est, paraît-il, une si belle chose que l'Italie s'en est taillé une sur le même patron. Soyons-en fiers ! Lanusei est donc le chef-lieu d'un arrondissement, *circondario*, occupé, à ce titre, par le nombreux personnel de fonctionnaires qui peuple, en France, les chefs-lieux d'arrondissement : sous-préfet, président du tribunal, juges, procureur du roi, receveurs, employés de toute condition. Il y a un poste de carabiniers, c'est-à-dire de gendarmes et une garnison de bersagliers. La grande difficulté pour cette multitude de fonctionnaires venus du continent, c'est de se loger. L'unique auberge du village, qui est le plus repoussant taudis que l'on puisse voir, a été envahie, et nous risquerions fort de n'y pas trouver le moindre recoin, si nous étions condamnés à nous accommoder d'un pareil gîte.

Heureusement les habitants de Lanusei veulent que nous puissions emporter le meilleur souvenir de l'hospitalité sarde, et deux maisons se sont ouvertes pour nous recevoir.

C'est d'abord le vieux curé du village qui a mis son humble presbytère en révolution pour nous y offrir quatre lits. Le *signor vicario*, — tel est le titre que l'on donne ici au curé, — est un vieillard de 82 ans, affable, poli, prévenant à un degré que tous les superlatifs du monde ne sauraient exprimer. On respire dans cette exquise urbanité comme un parfum d'ancien régime. Il parle avec une grande volubilité, j'irai même jusqu'à dire qu'il bavarde volontiers, en enlevant à ce mot toute portée désobligeante, et il y a vraiment plaisir à l'écouter. Affaibli par l'âge, il a fait venir notre ami, l'abbé M..., pour lui servir de coadjuteur avec future succession. Celui-ci, fixé à Marseille depuis plusieurs années, n'a pas hésité à se dévouer, et, disant adieu à la grande ville, il est venu remplir, au fond de la Sardaigne, le plus méritoire apostolat.

Deux d'entre nous sont devenus les hôtes du pharmacien, l'aimable *signor* Gaviano. En dehors du monde administratif, c'est de beaucoup le personnage le plus important du pays, comme sa maison, située dans la grande rue, est sans contredit le plus bel édifice du village. Toutes les notabilités du lieu se rassemblent, le soir, dans son officine. Nous y avons été présentés tour à tour aux diverses autorités. Le sous-préfet est vulgaire : il réalise bien ce type banal du fonctionnaire qui s'ennuie et soupire après l'avancement. En revanche, nous avons été enchantés de la magistrature.

Le procureur du roi et le président du tribunal se sont montrés fort gracieux pour nous. Le président n'est plus jeune ; il a des moustaches et une barbiche grises, ce qui le fait ressembler à un capitaine de gendarmerie en retraite. Nous sommes agréablement surpris de lui entendre parler le français. Il nous dit que c'est dans la ville d'Aoste, où il a commencé sa carrière de magistrat, qu'il a eu l'occasion d'apprendre notre langue. Nous le questionnons avec avidité au sujet des brigands, car nous sommes déroutés par les affirmations contradictoires dont je vous ai fait part, et nous voudrions bien savoir, en définitive, à quoi nous en tenir. Le respectable président atteste, à son tour, l'existence de la criminelle bande et nous donne le frisson en nous racontant les forfaits horribles qu'elle a commis. Après un pareil témoignage, le doute n'est plus possible, et nous nous demandons avec terreur si cet obligeant compagnon de route, qui voulait nous guider à travers le Gennargentu, n'était pas lui-même un *capo di banda!*

D'ailleurs, mon cher ami, l'officine de Lanusei, — je le constate en le regrettant, — manque essentiellement de couleur locale. Il faut en prendre son parti : la pharmacie est cosmopolite. Rien ne distingue un pharmacien de Sardaigne d'un pharmacien de Normandie, et notre ami Louis G... remarque judicieusement que le *signor* Gaviano rappelle par plus d'un trait son confrère M. Homais, portraicturé par Gustave Flaubert dans *Madame Bovary*.

Dans le salon, orné d'oiseaux empaillés, s'étalent sur les murs une vingtaine de diplômes encadrés qui proclament avec orgueil que l'heureux propriétaire du logis est membre d'autant de sociétés savantes : agriculture, philharmonie, statistique, sociologie, etc., etc. L'Italie est, comme la France, féconde en académies. L'un de ces brevets nous apprend que notre homme a été médaillé pour la fabrication du vin blanc. Jamais récompense honorifique ne fut mieux méritée. Il récolte sur ses terres un petit vin blanc dont il nous abreuve et que nous trouvons très agréable. Il est d'ailleurs très disposé à croire que l'univers ne produit rien de meilleur. Nous lui vantions un jour les vignes qui mûrissent sur les coteaux ensoleillés de notre Provence.

Le *signor* Gaviano ne parle couramment que l'italien ou le sarde. Mais il sait quelques mots de français qu'il place assez drôlement dans la conversation. Je n'oublierai de ma vie le sublime haussement d'épaules avec lequel, à cet éloge des vins de France, il répondit en son baragouin : « *Votré vin! C'été dé l'eau!* » Je me rappelai alors cette appréciation de Joseph de Maistre, transcrite dans mes notes : « J'ai constamment remarqué que l'approbation est quelque chose d'antipathique pour le caractère sarde (1). »

A propos de langue, vous vous serez demandé, mon cher ami, quelle est celle dont nous nous servons ici. Je suis tenté de vous répondre comme Sganarelle : « Parbleu! de celle que nous avons dans la bouche! » Ne me traitez pas d'impertinent : je veux vous

(1) Mémoires diplomatiques.

dire par là que nous nous servons..... du provençal. Personne, sauf notre ami l'abbé M... et le président du tribunal, ne parle français, et de notre côté il n'y a que maître Léon qui soit capable de manier correctement l'italien. Le provençal nous rend un service inappréciable : il nous fournit beaucoup d'expressions que les gens du pays saisissent aisément. L'italien, d'ailleurs, est ici comme le français dans notre Provence rurale : une langue que les naturels comprennent à la rigueur, mais dont ils n'usent point. Le dialecte sarde est seul employé. Je prendrais plaisir à l'étudier, si j'en avais le temps. Il serait particulièrement curieux de rechercher dans ce dialecte les vestiges que le langage des divers conquérants de la Sardaigne, depuis les Carthaginois, y a déposés. C'est le latin qui y domine, et lorsque vous rencontrez dans la campagne un paysan à demi sauvage, vous êtes tout surpris de l'entendre vous saluer d'un cordial : « *Bona dies!* »

Mais il est temps de couper court à toutes ces digressions, pour aborder enfin le plus intéressant des sujets, la chasse.

Le jour même de notre arrivée à Lanusei, et sans songer à nous reposer un peu des fatigues du voyage, tant notre impatience était grande, nous nous mettions en campagne.

Croiriez-vous, mon cher ami, que dans cette bourgeoisie désœuvrée, parmi tous ces fonctionnaires mourant d'ennui, on ne trouve pas un seul chasseur ? Il n'y a dans le village qu'un indigène qui fait de la chasse un métier. Il a été convenu que moyennant rétribution nous l'aurions à notre service pour guider nos excursions. J'ai tout de suite traité Bernardo en ami et je n'ai eu qu'à me louer de lui. Il m'a plu par sa physionomie ouverte et ses manières avenantes. C'est un chasseur expérimenté et un adroit tireur. Son chien, qu'il appelle *Roma*, ne paie pas de mine, mais il est doué de qualités supérieures et parfaitement dressé : il fait des arrêts superbes. Bernardo possède un autre chien, tout jeune encore, qui promet beaucoup et auquel il a donné, me dit-il, le nom de notre capitale : *Parigi*.

A notre première sortie, nous avons battu les champs de vignes qui s'étendent à perte de vue autour de Lanusei. Les Sardes paraissent avoir donné, en ces derniers temps, une grande extension à la culture de la vigne et, jusqu'à présent, ils ont été épargnés par ce terrible phylloxéra dont la marche envahissante fait chez·nous tant de ravages. Vous serez peut-être curieux d'apprendre de quelle façon ils défrichent leurs montagnes. Ils usent d'un procédé bien simple. Le flanc de ces montagnes est naturellement recouvert de broussailles touffues, presque impénétrables. On y met le feu, et quand l'incendie a déblayé le sol, on creuse avec la charrue des sillons transversaux qui forment d'étroites terrasses superposées : on plante ensuite une rangée de ceps dans chacun de ces sillons. En Provence, lorsqu'on met en culture le versant d'une colline, on est obligé de munir chaque gradin, chaque *bancau*, d'un mur de soutènement. Ici, la consistance du terrain est telle que les divers étages conservent sans s'ébranler la disposition que la charrue leur a donnée. Toutes ces plantations de vignes sont protégées par des clôtures contre le parcours des troupeaux : ce sont, ou d'épaisses murailles, amoncellement grossier de blocs de granit que l'ossature des montagnes fournit en abondance, ou des haies vives formées par la vigoureuse végétation du *cactus opuntia*.

Le chasseur peut, non sans fatigue, escalader les murs de granit ; mais le figuier de Barbarie, que les Sardes nomment *figumorisca,* constitue, avec ses larges raquettes hérissées de piquants, un obstacle infranchissable.

Ces cactus ont quelquefois jusqu'à trois mètres de hauteur ; ils donnent au paysage un aspect africain. En ce moment ils nous offrent leurs fruits, que la maturité colore d'une belle teinte rouge. Mais il faut cueillir ces figues avec précaution, parce qu'elles sont couvertes de poils rigides qui se détachent et pénètrent dans la chair comme des aiguillons. Leur goût douceâtre n'a d'ailleurs rien d'agréable.

Nous remarquons promptement que les perdrix viennent se remiser de préférence au milieu de ces figuiers de Barbarie. Ah ! mon cher ami, quel dommage que, n'étant point chasseur, vous ne puissiez pas concevoir l'idée du plaisir intense que les perdrix de Sardaigne sont capables de donner à un chasseur marseillais !

Cette perdrix sarde ressemble beaucoup à la perdrix rouge qui fait son nid sur nos collines de Provence. Même taille, même plumage, même coloration du bec et des pattes. Il faut avoir l'œil exercé d'un ornithologiste pour apercevoir quelques légères différences. Ces différences suffisent d'ailleurs à déterminer une espèce distincte : on la nomme perdrix gambra, *perdix petrosa* des naturalistes; elle affectionne, en effet, les endroits rocailleux.

Mais il y a, pour les mœurs, une différence profonde, radicale, entre cet oiseau et notre perdrix rouge. Celle-ci, extrêmement farouche, se tient toujours en éveil, se dérobe en courant dès qu'elle entend le moindre bruit, ou, si elle prend son vol, c'est le plus souvent à une distance qui défie le plomb. On ne parvient à la tirer de près que lorsqu'on la surprend, ce qui est rare, ou lorsqu'on l'a fatiguée en lui faisant faire plusieurs remises successives.

Les perdrix de Sardaigne laissent, au contraire, approcher le chasseur. Elles vivent en compagnie, comme les nôtres, et la première fois qu'on les rencontre, toute la bande part en même temps. Mais elles ne vont pas se poser bien loin, et quand le chasseur arrive à la remise, elles attendent, pour s'envoler une à une, d'être bourrées par le chien. En sorte qu'avec nos fusils à tir rapide, on peut, de coup double en coup double, en remettant des cartouches et presque sans changer de place, exterminer une compagnie entière.

Et maintenant, mon cher ami, vous comprendrez, je pense, l'émotion pleine de volupté que donne au chasseur cette perdrix qui se lève devant lui, après un long arrêt de son chien, et qui part en jetant un cri d'effroi accompagné d'un formidable bruissement d'ailes.

Nous avons été étonnés de trouver ici une grande quantité de cailles, en une saison où chez nous elles ont entièrement disparu.

Bernardo nous affirme qu'il y a en novembre des bécasses à profusion. Mais nous sommes, pour cette chasse, venus un mois trop tôt.

Il y a aussi grande abondance de lièvres, et, en chassant la perdrix, nous en voyons à tout moment détaler quelqu'un devant nous. Ces lièvres sont loin de provoquer cette vive émotion que la vue des nôtres procure toujours au chasseur : d'abord parce qu'ils sont beaucoup moins rares, ensuite parce qu'ils sont de moitié plus petits. On croit avoir affaire à de vulgaires lapins.

Nous avons, pendant quatre jours, guerroyé contre les perdrix, les cailles et les lièvres, et nous sommes revenus chaque soir chargés de dépouilles opimes. Notre gibier nous a servi à faire de nombreuses libéralités, en premier lieu à nos hôtes, puis à ceux des notables du pays qui nous ont marqué le plus de bienveillance.

Nous sommes descendus deux fois de la région montagneuse où domine Lanusei pour chasser dans des plaines situées entre la base des montagnes et le bord de la mer. Nous avons passé toute une journée dans un endroit désert où s'élève, sur le flanc d'un petit mamelon, près du rivage, une chapelle rustique, *Nostra Signora di Buon Cammino*. On s'y rend en pèlerinage pour certaines fêtes. Il y a, tout autour de la chapelle, une rangée de petits hangars en maçonnerie, destinés à servir d'abris aux nombreux fidèles qui viennent camper en cet endroit. Nous avons traversé, en venant jusque-là, un village nommé Bari Sardo, où nous avons été surpris de trouver une très belle église. Cet édifice, curieux spécimen de l'architecture du XVIIIme siècle, est surtout remarquable par la hauteur et l'élégance du clocher, et à l'intérieur, par une véritable profusion d'ornements en marbre de toutes les couleurs.

La chasse la plus fructueuse que nous ayons faite a eu pour théâtre une vaste plaine, voisine de Tortoli, et bornée d'un côté par les premiers contreforts de la montagne, et de l'autre par un grand étang littoral qui sépare le village de la mer. C'est ce que l'on appelle la *Marina di Tortoli*. Nous étions parvenus à acculer au pied des rochers où finit la plaine, de nombreuses compagnies de perdrix, et pendant plusieurs heures nous

nous sommes livrés à une fusillade ininterrompue. Quelle délicieuse musique, mon cher ami, pour l'oreille d'un chasseur!

Nous avons, au retour, visité Tortoli. C'est un bourg moins important que Lanusei et qui a, néanmoins, un meilleur aspect. Des rues larges, bien alignées, quelques maisons de belle apparence, lui donnent l'air d'une petite ville. Il y a au milieu d'une place deux grands palmiers, et tout autour du village, des jardins où croissent en grand nombre de magnifiques orangers.

Tortoli est la résidence de l'évêque qui régit le diocèse de l'Ogliastra. C'est le nom que portait autrefois la province, ou *incontrada*, dans laquelle nous nous trouvons. J'ai lu dans la plupart des ouvrages relatifs à la Sardaigne, et l'on me répète ici, que ce nom d'Ogliastra a été donné à la contrée, parce que l'olivier sauvage, *olivastro*, y croît en abondance. Nous avons, en effet, rencontré à travers champs quelques pieds d'oliviers sauvages, mais en assez petit nombre. D'ailleurs cette étymologie a été combattue par le général de La Marmora. Il pense qu'*Ogliastra* n'est qu'une contraction d'*Ogugliastra*, mot dérivé d'*aguglia*, ou simplement *guglia*, qui signifie *aiguille*. Les marins auraient ainsi nommé un rocher calcaire, obélisque naturel planté au bord de la mer, à quelques lieues de Tortoli. Je n'aurai pas l'impertinence, mon cher ami, de prendre parti pour l'une ou l'autre signification; il faut se garder, dit le proverbe, de mettre son doigt entre l'arbre et... l'obélisque.

Grâce à la recommandation de l'abbé M..., nous avons reçu l'hospitalité dans la maison du séminaire de Tortoli. Nous avons fort apprécié la propreté du réfectoire, où l'on nous a servi une modeste collation, et la bonne mine des jeunes séminaristes, que nous avons vus partir pour la promenade, au nombre d'une vingtaine, tous convenablement vêtus d'une soutane noire.

L'exiguité de la cathédrale nous a étonnés. Je ne puis la comparer qu'à la plus pauvre église de notre banlieue. La surprise est grande quand on aperçoit un trône épiscopal dans l'humble sanctuaire.

En somme, Tortoli serait un séjour agréable, si la funeste *intempérie* n'y sévissait pas. Les émanations de l'étang dont je vous ai parlé rendent le pays malsain. On nous avait conseillé d'être prudents et d'interrompre notre chasse avant le coucher du soleil. Cette précaution, que nous avons observée soigneusement, a sauvé la vie à bon nombre de perdrix.

J'oubliais de vous signaler un épisode de notre chasse à Buon Cammino et à la Marina.

Il nous est arrivé trois fois de voir, devant nous, presque dans nos jambes, partir un sanglier. Il est, en pareil cas, parfaitement inutile de faire feu avec un fusil chargé à plomb. On doit se contenter de regarder l'animal courir.

Je n'avais d'ailleurs à vous parler aujourd'hui que des perdrix et des lièvres. Ma prochaine lettre sera consacrée à des récits de grande chasse. Attendez-vous, mon cher ami, à des détails émouvants.

V

Lanusei, le   octobre 1879.

J'entonne aujourd'hui, mon cher ami, le *Paulo majora canamus.*

La chasse aux perdrix et aux lièvres, dont je vous ai entretenu dans ma dernière lettre, s'appelle ici la petite chasse, *caccia menuta*, par opposition à la grande chasse, *caccia grossa*, en considération de laquelle nous avons entrepris le pénible voyage de Sardaigne ; car vous concevez bien que nous ne sommes pas venus si loin pour tuer des perdrix, quelque charme qu'il y ait du reste à tirer la perdrix gambra.

La *caccia grossa* a pour objectif trois espèces de ruminants : le cerf, le daim et le mouflon, et dans l'ordre des pachydermes, le sanglier. Aux incessantes questions que depuis notre arrivée nous adressions aux gens du pays, on avait répondu que dans l'Ogliastra nous ne trouverions pas le daim, (il habite d'autres régions de la Sardaigne,) mais que nous verrions certainement quelques cerfs, et en grande abondance des mouflons et des sangliers.

On nous avait expliqué en même temps de quelle façon se fait cette *caccia grossa*.

Les montagnes qui étendent leurs massifs autour de Lanusei sont en général boisées. Les futaies sont rares. Des arbustes ou des broussailles, lentisques, myrtes, arbousiers, bruyères, cistes, genêts, entremêlent leurs frondaisons touffues et forment des mâquis où il semble presque impossible de se frayer un passage. Les bêtes fauves et les bêtes noires vivent au milieu de ces fourrés.

Quand on veut les chasser, on commence par ceindre un large espace, un grand vallon par exemple, d'une ligne de tireurs embusqués de distance en distance sur la lisière du bois. Puis une troupe de traqueurs pénètrent dans le mâquis, se glissent à travers les broussailles, poussent de grands cris, tirent des coups de feu, excitent et font aboyer leurs chiens et, de cette façon, épouvantent et délogent le gibier, obligé, pour s'enfuir, de traverser la ligne où sont postés les tireurs. Ces battues réussissent d'autant mieux que le personnel qui y prend part est plus nombreux.

L'organisation de ces grandes chasses offre, en octobre, quelque difficulté, parce que les travaux de la vendange absorbent alors beaucoup de monde. Cependant on nous parla dès notre arrivée d'une partie préparée en notre honneur par les soins d'un homme fort aimable à qui nous fûmes présentés. M. S... exerce à Cagliari la profession d'avocat. Il se trouvait en ce moment à Lanusei et il venait d'acheter aux enchères une forêt mise en vente par la commune d'Arzana. Il se proposait de nous faire les honneurs de sa nouvelle acquisition en nous y conviant à une belle *caccia grossa*.

L'avocat S... nous charma par l'aménité de ses manières ; il nous parut doué d'un caractère très doux, presque timide. Aussi fûmes-nous profondément étonnés quand on nous apprit qu'avant de se vouer à Thémis, il avait servi Bellone.

Vous allez vous voiler la face, mon cher ami : nous étions les invités d'un ancien officier de Garibaldi, un major, s'il vous plaît, un des conquérants de la Sicile, un des *Mille* enfin ! Nous eûmes d'ailleurs mainte occasion de nous apercevoir que notre amphitryon continue à professer la plus naïve admiration pour le vieux podagre de Caprera.

Maître S... s'était mis en frais pour nous donner la plus large hospitalité dans sa belle forêt d'Idola, où il avait décidé que nous chasserions pendant deux jours. Le matin fixé pour le départ, nous vîmes des victuailles de toute sorte s'amonceler sur les voitures qui devaient nous transporter jusqu'aux abords de la forêt. Hélas ! le temps, merveilleusement beau depuis notre arrivée, avait tout à coup changé, et de gros nuages noirs, fouettés par un vent très âpre, donnaient au ciel un aspect menaçant.

Qu'allait-on faire ? Partir bravement, ou contremander la chasse ? L'ami Léon, dont rien ne peut altérer la gaîté, prenait un malin plaisir à nous épouvanter par les plus sinistres pronostics. Son baromètre, nous disait-il, — car il a même un baromètre parmi ses *impedimenta*, — avait baissé d'une façon inquiétante. Parfois un rayon de soleil perçait les nuées sombres. Mais ce sourire de l'astre paraissait jaune et nous faisait l'effet d'une ironie.

On ne savait que résoudre. L'incertitude est un supplice cruel! J'étais au désespoir en voyant que l'on allait remettre une partie si impatiemment désirée. Tantale, assurément, n'était pas plus tourmenté quand l'eau, se raillant de lui, échappait à ses lèvres desséchées.

Enfin, des deux déterminations en balance, c'est le départ qui a prévalu. Les voitures se dirigent vers Arzana. Mais à peine avions-nous fait la moitié du chemin, de larges gouttes commencent à tomber.

Personne, heureusement, ne propose de retourner en arrière, et nous arrivons, avec une pluie battante, à l'endroit où les voitures doivent nous laisser.

Si je possédais, mon cher ami, le crayon humouristique d'un Topffer, je pourrais essayer de vous montrer, au moyen du dessin, la mine piteuse que nous avions tous lorsqu'il nous fallut quitter les voitures, charger lourdement nos épaules de nos fusils, de nos gibecières et d'une partie des provisions de bouche apportées par notre hôte, nous engager ainsi, sous une pluie ruisselante, au milieu des grands chênes-verts de la forêt d'Idola, et nous mettre à la recherche de la *Miniera* destinée à nous servir de gîte. Ce nom désignait une hutte occupée autrefois par des mineurs, maintenant abandonnée, où nous devions trouver un abri.

Par surcroit d'infortune, le récent acquéreur de la forêt ne la connaissait que pour l'avoir parcourue une fois, depuis je ne sais combien d'années. Il n'avait pas conservé le moindre souvenir du chemin qu'il fallait suivre pour arriver à la *Miniera*. En sorte que nous voilà bel et bien égarés dans la vaste forêt. Notez que nous nous trouvions sur un terrain très accidenté. Nous grimpions sur une éminence, nous descendions au fond d'un vallon, nous escaladions la côt opposée : la *Miniera* n'apparaissait pas !

Et il pleuvait, il pleuvait toujours à torrents. Sous les rayures obliques de la pluie chassée par le vent, le ciel, le contour des montagnes, la verdure du feuillage, tout se confondait et s'effaçait. Nous étions mouillés jusqu'aux os, et nous marchions au hasard, presque à tâtons, ne sachant pas si nous trouverions jamais l'asile promis.

Avez-vous remarqué, mon cher ami, que

ces petites épreuves auxquelles la vie humaine est sujette ont pour effet de mettre en relief le caractère de ceux qui les subissent? Charles supportait la pluie sans se départir de sa philosophie douce et résignée; le grand Maxime, placide aussi, déclarait sentencieusement que la chasse est un plaisir imaginaire ; Louis pestait, jurait, vouait la Sardaigne aux dieux infernaux ; Léon, toujours de belle humeur, égayait la situation par un feu roulant de spirituelles facéties.

Il aimait à répéter, en forme de conclusion, un mot célèbre dans l'histoire contemporaine : « Et surtout, chers amis, nous disait-il, soyons gais et de bonne composition. »

Enfin, après deux heures et plus perdues à errer à travers les bois, la *Miniera* est signalée. C'est une maisonnette en maçonnerie, à simple rez-de-chaussée, avec deux pièces de grandeur égale communiquant entre elles. On aurait pu y trouver un abri suffisant contre les rigueurs du temps. Par malheur, les boiseries des portes et des fenêtres ont été enlevées, et le vent qui s'engouffre dans les cheminées à moitié démolies remplit la maison d'une intolérable fumée.

Notre hôte brave cette odieuse fumée pour diriger lui-même les apprêts du dîner. Nous comprenons que sous les dehors d'une feinte modestie, il se pique d'être passé maître en l'art culinaire. Il nous dit plaisamment que lorsqu'il plaide, ses confrères du Palais le proclament excellent cuisinier, et quand il donne à dîner, ses convives louent son éloquence d'avocat. Il ne nous a pas été possible d'apprécier son mérite oratoire. Mais son talent de cuisinier se manifesta d'une façon brillante dans un délicieux *risotto* qu'il confectionna de ses mains, et dont nos estomacs reconnaissants ne perdront jamais le souvenir.

Ce dîner, d'ailleurs, fut charmant, bien que nous fussions accroupis sur le sol à la manière orientale, la *Miniera* étant absolument dépourvue de siéges et de table. On oubliait les tribulations de l'arrivée et la gaîté française avait repris ses droits.

La fin du repas fut marquée par un incident qui nous divertit fort. Il fallait bien que l'ex-major montrât un peu le bout de l'oreille, ou, si vous aimez mieux, un coin de sa chemise rouge. Au dessert il porta un toast à la France. C'est une règle de courtoisie toujours observée ici : quand les gens du pays invitent des étrangers, ils saluent de cette façon la nation à laquelle ceux-ci appartiennent. Nous répondîmes à cette prévenance par un toast très cordial en l'honneur de la Sardaigne. Notre homme prit alors un air inspiré et nous dit, toujours en italien, car il n'entend pas le français : « Il est beau certainement d'appartenir à une grande nation, telle que la France ou l'Italie. Il y a pourtant une chose qu'il faut chérir mille fois plus que sa patrie!... Au lieu des santés que nous venons de porter, ne valait-il pas mieux boire... à l'humanité? »

Ce petit *speach* avait en italien une saveur que ma traduction affaiblit beaucoup. Mais ce qu'à mon grand regret la plume est tout-à-fait impuissante à rendre, c'est l'accent de conviction naïve et réjouissante avec lequel Maître S... s'écriait le verre en main : « *Mà l'umanità! l'umanità!!!* »

La pluie avait cessé dans l'après-midi. Notre chasse, hélas! n'en était pas moins tombée dans l'eau. Un vent impétueux continuait à rouler des nuages noirs. Les traqueurs, qui devaient venir des villages voisins, ne paraissaient pas. J'ai constaté que les Sardes, comme tous les méridionaux, redoutent beaucoup la pluie. Nous employâmes le temps à visiter en détail la forêt d'Idola. Nous fûmes étonnés de n'y voir qu'une seule essence d'arbre, le *quercus ilex*. Mais ces chênes-verts, plusieurs fois séculaires, atteignent une hauteur que nous ne sommes pas habitués à leur voir chez nous, et nous rentrâmes émerveillés de l'aspect grandiose de la forêt.

Nous aperçûmes, en nous promenant, de nombreuses galeries, ouvertes pour extraire le métal que les flancs de la montagne semblent recéler en grande quantité. L'exploitation a été abandonnée, nous dit-on, parce que le mélange du plomb et du cuivre rendait impossible le traitement du minerai.

Nous devions coucher dans la *Miniera*. Nous n'avions pour lits que de petites nattes de jonc étendues sur le sol. Il avait fallu éteindre le feu sous peine d'être asphyxiés par la fumée. Le vent, qui faisait rage au dehors, entrait par les fenêtres béantes, que nous avions vainement essayé de boucher avec des branches de bruyère. Le froid, devenu intense, nous causait une souffrance aiguë.

Nous étions tous allongés sur les nattes, en proie à un douloureux engourdissement, espérant en vain le sommeil. *Qualis nox, Dii Deæque!* se serait écrié, mais cette fois dans un autre sens, le poète épicurien. Nous nous rappellerons longtemps la nuit passée dans la *Miniera* d'Idola!

Quand le tardif matin arriva, le vent soufflait encore, mais tout danger de pluie semblait écarté. Nous aurions pu organiser la chasse si les traqueurs convoqués n'avaient pas continué à nous faire faux bond. Notre

hôte, voyant le temps se rasséréner, dépêcha
un de ses serviteurs au village d'Arzana,
avec mandat d'y recruter tous les hommes
qu'il trouverait disponibles. Si la mission
réussissait, nous avions l'espoir de chasser
dans l'après-midi de cette seconde journée.

J'attendais avec anxiété le retour de ce
messager. J'essayais, pour me distraire, de
répondre d'une manière intelligible aux questions que me posait un petit garçon d'une
dizaine d'années, venu avec les serviteurs de
M. S... Cet enfant, déguenillé, malpropre,
ressemblant à un vrai sauvage, était pourtant remarquable par des yeux noirs pétillants
d'intelligence. Dans un baragouin mêlé d'italien et de sarde, il m'accablait de demandes
où perçait un vif désir de s'instruire. Il voulait savoir où était située la France, si elle
était plus grande que la Sardaigne, comment
se nommait notre capitale, etc.

Je m'évertuais à rendre mes réponses compréhensibles. Je souriais de son étonnement quand, pour lui donner une idée de la grandeur de notre pays, je lui disais que la seule ville de Marseille, d'où nous venions, renferme un nombre d'habitants égal au moins à la moitié de toute la population sarde.

Mon jeune interlocuteur m'embarrassa fort en me demandant le nom de notre roi. Comment faire comprendre à ce petit sauvage, aux yeux de qui la royauté avait encore tant de prestige, qu'en France la place du roi est occupée par ce bon M. Grévy, ancien bâtonnier de l'ordre des avocats à la cour d'appel de Paris? Je cherchai à m'en tirer, cette fois, avec une réponse évasive. Je prononçai pourtant le mot de république. Le petit bonhomme témoigna une grande surprise. « Ici, me dit-il, on met en prison tous ceux qui parlent de république. »

Enfin, vers midi, nous vîmes arriver cinq ou six bergers, raccolés dans les environs pour nous servir de traqueurs. Etaient-ce des bergers ? Ils avaient l'air de vrais bandits et ils venaient d'Arzana, ce village périodiquement décimé par la *vendetta*. Le burin de Callot pourrait seul vous représenter ces traqueurs.

Je ne vous ai rien dit encore, je crois, du costume des hommes de la Sardaigne. C'est, dans mes descriptions, une lacune qu'il est temps de combler.

Le costume sarde, très original, en vérité, est d'un aspect lugubre, à cause du noir et du blanc qui s'y entremêlent. Le blanc apparaît sur les bras et sur les cuisses. Les bras ne sont couverts que par les manches d'une chemise de grossière toile blanche. La même étoffe sert à confectionner une sorte de haut-de-chausse, de culotte à la turque, bouffante, emprisonnée à partir du genou dans des guêtres en laine noire. Autour de la taille flotte un petit jupon de drap noir, très court et tout plissé, qui tranche sur la blancheur des braies de toile. Le buste est revêtu d'une espèce de gilet sans manches, fermant sur le côté, et dont l'étoffe et la couleur varient : c'est quelquefois du velours bleu ou rouge, mais le plus souvent du drap noir, agrémenté de boutons en métal; si le personnage est riche, ces boutons sont en argent. Enfin, au-dessus du gilet, un surcot en peau de brebis, de cerf ou de mouflon, également sans manches, avec le poil en dehors. Les Sardes, sans aucun doute, s'habillent ainsi depuis l'antiquité la plus reculée. Tite-Live, il y a deux mille ans, les appelait *Sardi pelliti*.

Les armes dont le Sarde est toujours muni complètent son étrange accoutrement et achèvent de lui donner un air féroce. Le fusil est pour lui un compagnon inséparable. Le berger qui garde son troupeau, le paysan qui conduit l'antique charriot traîné par des bœufs, ont constamment un fusil en bandoulière. Une ceinture de peau enferme la provision de balles et retient en même temps un sabre solidement emmanché dans une poignée de corne, et recouvert d'une gaîne de cuir ou de métal. C'est en réalité un grand couteau, que les indigènes emploient à toute sorte d'usages : couper du bois, se frayer dans le maquis un passage à travers les buissons, dépecer la viande crue. Mais ce n'en est pas moins une arme sérieuse qui, à l'occasion, fendrait ou trancherait même une tête. Ces instruments sont de fabrication ancienne et se transmettent de père en fils. Toutes les lames sont ornées d'arabesques et d'une inscription en caractères gothiques où le plus souvent on lit : *Viva la Sardegna !* Cependant, à ma grande surprise, je vis une de ces lames qui portait en français : *Vive le roy de Sardaigne !*

La coiffure consiste uniquement en un grand bonnet phrygien de laine noire. La plupart des Sardes gardent les cheveux longs et laissent croître leur barbe : cheveux et barbes sont d'un noir brillant. On retrouve sur un grand nombre de visages le type africain. On comprend qu'il coule encore dans les veines de ce peuple le sang des anciens conquérants de la Sardaigne, les Carthaginois ou les Sarrasins.

Vous pourrez maintenant, mon cher ami, vous figurer à peu près exactement ce qu'étaient les soi-disant bergers avec l'aide desquels nous allions battre la forêt d'Idola. Pour approcher encore plus de la vérité, représentez-vous à l'état de guenilles sordides le vêtement que je vous ai décrit.

Nos hommes menaient avec eux plusieurs chiens, affreux roquets de race bâtarde, maigres, hargneux, ayant l'air aussi misérable que leurs maîtres. Ce sont néanmoins d'utiles auxiliaires de la traque.

Ah! *caro mio*, ce fut, croyez-moi, avec une indicible volupté que nous quittâmes enfin la *Miniera*, pour nous répandre dans la forêt. Le temps était redevenu splendide. Le vent ne soufflait plus. Le soleil brillait d'un doux éclat et attiédissait l'atmosphère. Les gouttes de pluie, encore accrochées aux feuilles lustrées des chênes-verts, étincelaient avec des reflets irisés. Nous nous éparpillons à travers le bois. Bernardo nous fait poster un à un sur la lisière, et les traqueurs s'éloignent en silence.

J'étais placé à l'entrée d'un ravin qui pouvait servir d'issue au gibier poursuivi. Assis sur une pierre, le fusil sur les genoux, je me délectais à boire le soleil comme un lézard. Je savourais, plongé dans une béatitude inerte, ce calme profond, cette paix sereine de la nature, succédant aux convulsions de la veille. J'avais, — que le grand saint Hubert me pardonne ! — presque oublié la chasse : les cris des traqueurs et la voix des chiens, que j'entendais confusément dans le lointain, ne parvenaient guère à me la rappeler.

Tout à coup une détonation, presque immédiatement suivie d'une autre, retentit à ma droite. C'est Marius qui occupait de ce côté le poste le plus rapproché du mien.

Brusquement réveillé de ma voluptueuse torpeur, je saisis mon fusil. Au même instant je vois débucher dans le ravin, à cinquante pas au-devant de moi, une biche accompagnée d'un petit faon.

Je renonce, mon bon ami, à vous dépeindre l'élégante légèreté, la suprême grâce avec laquelle cette biche franchissait, en bondissant, les buissons du ravin, et l'allure, si gracieuse aussi, du faon qui sautillait à côté de sa mère. Si je vivais cent ans, je suis sûr que j'aurais encore, dans cent ans, ce délicieux tableau devant les yeux.

Que pensez-vous qu'il soit arrivé ? Vous croyez assurément que fasciné par le charme du spectacle, je l'ai contemplé l'arme au bras? Vous connaissez mal l'âme d'un chasseur !

J'avais, dès qu'elle m'était apparue, couché en joue la pauvre biche. Fidèle à une recommandation que nous avaient faite les gens du pays, j'attendais pour tirer qu'elle se fût rapprochée. Si elle avait suivi le creux du ravin, elle aurait passé à cinq ou six mètres de l'endroit où j'étais embusqué. Mais à peine eut-elle fait trois ou quatre bonds après que je l'avais aperçue, qu'elle me vit ou me flaira ; elle se jeta soudainement à droite par un saut de côté, et elle disparut derrière une énorme touffe de bruyères.

Je pressai instantanément la détente, mais je ne pouvais plus tirer qu'au jugé. Si la biche était frappée, elle devait rouler de l'autre côté du rideau que formait la bruyère, et il m'était impossible de rien voir. Il est expressément défendu de se lever après un premier coup, même s'il y a certitude que la bête soit morte ; car il arrive souvent, dans ces battues, que les animaux se suivent, et le même chasseur peut, sans changer de place, en tirer plusieurs coup sur coup. D'ailleurs, en s'écartant de la ligne où l'on est placé, on s'exposerait au danger de recevoir une balle.

Je demeurai donc immobile, non sans quelque espérance d'avoir occis la biche.

Mais bientôt le bruit d'une décharge nouvelle me fit comprendre que je l'avais manquée et qu'elle venait d'essuyer le feu du tireur placé à l'extrémité de la ligne. Celui-ci avait-il été plus heureux que Marius et moi?

Je vis presque en même temps arriver mon petit ami Pietro qui avait accompagné les traqueurs. Il me demanda par lequel des chasseurs venaient d'être tirés les deux derniers coups.

« Par Bernardo, lui répondis-je.

— Alors la biche est morte, me dit-il; Bernardo ne manque jamais son coup. »

Bernardo, pourtant, l'avait manqué, ce dont il parut très humilié. Les traqueurs ne tardèrent pas à nous rejoindre; cette première battue était finie. Nous nous réunîmes. La vue de la biche avait excité chez mes compagnons le plus vif enthousiasme. Décidément, la *caccia grossa* n'était pas une chimère ; avec un peu plus d'adresse ou de bonheur, elle pouvait donner de magnifiques résultats. Bien que le jour déclinât rapidement, nous tenions à faire une seconde battue. Nous allâmes en toute hâte nous poster sur une montagne voisine où l'on avait signalé des mouflons. Nous n'entendîmes qu'une seule détonation. Nous apprîmes, quand la chasse fut finie, qu'un mouflon avait forcé la ligne et s'était réfugié au milieu d'un troupeau de chèvres qui paissait tout près de là. Le berger, armé d'un fusil, comme ils le sont tous, l'avait tué.

En effet, nous vîmes bientôt accourir ce berger, portant le mouflon sur ses épaules. Il venait, afin de se concilier les bonnes grâces du nouveau propriétaire d'Idola, lui en faire hommage. L'hommage fut accueilli volontiers, car sans ce mouflon nous serions rentrés bredouilles à Lanusei.

J'aurais beaucoup de détails intéressants à vous donner au sujet des mouflons. Mais il est tard et voilà bien du papier noirci pour aujourd'hui. Tout nous fait espérer, du reste, que nous en tuerons d'autres. J'aurai donc bientôt l'occasion d'y revenir.

VI

Lanusei, le octobre 1879.

Mon cher ami,

La *caccia grossa* continue à nous prodiguer ses enivrements.

Notre illustre pharmacien nous a fait faire la connaissance de son neveu, qui gère ici une succursale de la Banque de Sardaigne. Ce jeune homme a reçu la meilleure éducation et nous paraît posséder toutes les qualités d'un financier très sérieux. Il a même appris le français, mais on voit qu'il l'a en grande partie oublié, n'ayant pas eu depuis longtemps l'occasion d'en faire usage. Comme il n'était libre que le dimanche, il avait organisé pour ce jour-là une partie de chasse dont le théâtre devait être une haute montagne granitique qui domine Lanusei de sa masse noirâtre et abrupte, et que l'on nomme le mont Tricoli : les mouflons, nous dit-on, y vivent en grand nombre.

Nous devions, avant de partir, entendre la première messe, dite par le *signor vicario*. Il nous avait promis d'abréger, à cause de nous, l'allocution qu'il adresse tous les dimanches à ses ouailles. A-t-il tenu sa promesse ? En ce cas, on peut croire que les fidèles de Lanusei sont habitués à être longuement sermonnés !

L'église est grande, bien éclairée et propre. Mais c'est tout ce que l'on en peut dire. Elle est de construction récente et n'a rien d'architectural. Nous avons remarqué la présence d'un assez grand nombre d'hommes. Après l'évangile, le bedeau a placé au-devant de l'autel un vieux fauteuil gothique. Le bon *vicario*, gardant la chasuble et posant sur sa tête un fantastique bonnet carré, s'est assis et a pris la parole.

Comme il s'est servi de la langue sarde, il ne nous a pas été possible de comprendre un seul mot du sermon. Cette langue est beaucoup plus rude que l'italien, mais la rudesse n'exclut pas une certaine harmonie. Notre vieux curé s'exprimait avec beaucoup d'onction et de chaleur, et plusieurs fois il nous a paru se laisser entraîner à de véritables mouvements d'éloquence.

Nous eûmes l'occasion de voir à la messe les femmes de Lanusei avec leurs atours des dimanches. Ce qui les distingue des autres femmes de la Sardaigne, c'est surtout leur

genre de coiffure. Elles se mettent sur la tête
une grande pièce carrée de drap écarlate,
entourée, chez les élégantes, d'une large
bordure de taffetas bleu-de-ciel. Ce drap, dont
les coins retombent sur les épaules, laisse,
bien entendu, la figure à découvert. Mais les
pans qui encadrent le visage sont liés au
moyen d'une chaînette en argent, fixée par
chaque bout à une plaque de même métal
adhérente à l'étoffe. Cette petite chaîne,
tendue horizontalement au-devant de la bouche, ressemble à la gourmette d'un frein. Si
j'étais malicieux, j'insisterais sur la ressemblance, je découvrirais dans cette mode un
sens allégorique, je ne manquerais pas de
vous démontrer qu'on l'a établie afin de
rappeler aux femmes de ce pays qu'elles
doivent refréner leur langue. Mais ne soyons
pas à ce point « abstracteurs de quintes-
sence, » et bornons-nous à dire, à propos

de ce singulier ornement : *Honni soit qui mal y pense!*

Le départ pour la chasse s'effectua immédiatement après la messe. Le lieu du rendez-vous était une ferme appartenant à la famille du *petit banquier*, — c'est ainsi que nous le nommions, — dont nous étions, ce jour-là, les invités. Nous eûmes le plaisir de cheminer avec sa jeune femme, qui venait l'aider à nous faire les honneurs de la ferme de Sessula. Elle était montée à cheval pour faire le trajet, et nous admirions l'intrépidité qu'elle déployait en dirigeant sa monture dans un sentier rocailleux que des aspérités sans nombre transformaient en un dangereux casse-cou.

La ferme de Sessula, tout entourée de vignobles, est bâtie près d'un petit cours d'eau, au fond d'un vallon resserré entre une colline derrière laquelle nous avions laissé

Lanusei et la montagne noire habitée par les mouflons.

Notre jeune banquier avait réuni là quelques amis. Il y avait parmi eux un avocat avec lequel nous prîmes grand plaisir à converser. Il nous parla beaucoup de la Sardaigne, en des termes où éclatait un ardent patriotisme. Il nous disait, non sans un profond sentiment de tristesse, que les Sardes n'avaient jamais pu jouir de l'autonomie. Leur destin les avait condamnés à être successivement asservis par les Carthaginois, les Romains, les Vandales, les Sarrasins, les Pisans, les Génois, les Aragonais, les Piémontais. Il gémissait de voir le pays si pauvre et si dépeuplé, malgré tous les avantages que la nature lui a prodigués : douceur du climat, fécondité du sol, abondance des eaux, étendue des forêts, richesse des mines. Il rappelait avec orgueil que sous le rapport du développement matériel, la Sardaigne avait été florissante pendant la domination romaine : elle était alors, comme la Sicile, un des greniers de Rome, et elle comptait jusqu'à trois millions d'habitants. C'est à peine si elle en nourrit aujourd'hui six cent mille. « Pour que notre île, nous disait-il, profitât de ses ressources naturelles, il faudrait qu'elle pût attirer une part de ces immenses capitaux qui affluent chez vous, heureux Français. » Il me sembla qu'il perçait dans ces paroles comme un regret que la Sardaigne, moins favorisée que son humble sœur, la Corse, n'appartînt pas à la France.

Le déjeuner, présidé par la jeune femme, fut d'une gaîté charmante. Mais on ne s'attarda pas à table, et à la dernière bouchée l'on s'apprêta pour la chasse.

Nous traversâmes sur de grosses pierres le ruisseau bordé de lauriers-roses, qui roule dans le creux du vallon une eau limpide comme le cristal. Puis nous commençâmes à gravir en silence la pente escarpée de la haute montagne de granit.

Ascension ardue. Il était midi. Il faisait très chaud. La sueur perlait sur tous les fronts. « La chasse, nous dit à voix basse l'avocat, a été inventée pour châtier les hommes ; c'est le fléau de l'humanité, *il flagello dell' umanità.* »

Il y avait çà et là, au milieu des rochers que nous escaladions, quelques lisières de terrain cultivé. En traversant les derniers défrichements, nous aperçûmes de longs bâtons fichés en terre, auxquels on avait accroché des loques de différentes couleurs. On nous expliqua que c'étaient des épouvantails, placés là pour protéger les cultures contre la dent des mouflons. La vue de ces appareils de bon augure, qui prouvait d'une façon si éloquente l'existence de nombreux mouflons, stimula notre ardeur et nous donna de nouvelles forces.

Nous grimpâmes encore assez longtemps. Arrivés à mi-hauteur de la montagne, nous fîmes halte et nous nous distribuâmes les postes. Je me trouvai chargé de garder un étroit passage, une sorte de couloir entre deux entablements de rochers.

Nous avions une troupe de traqueurs, ressemblant à ceux d'Arzana décrits dans ma dernière lettre, mais un peu moins déguenillés. Partis de la ferme en même temps que nous, ils étaient allés opérer leur ascension en amont du cours d'eau que nous avions traversé. Comme ils avaient un long détour à faire, leur approche se fit attendre.

Une des plus curieuses particularités de ce genre de chasse, à mon avis, c'est le sentiment qu'éprouve le chasseur embusqué, quand il commence à entendre l'étrange symphonie qui accompagne la traque. Je ne sais de quelles expressions me servir pour vous faire percevoir en imagination les cris sauvages que poussent les traqueurs. On se demande comment des êtres humains parviennent à tirer de leur gosier de telles vociférations. On dirait des rugissements de bêtes féroces. Complétez le concert par des coups de pistolets, par des sonneries de cornets, par le glapissement des chiens; tenez compte de l'effet de répercussion que produisent les rochers; et vous n'aurez qu'une faible idée de l'étonnant charivari au moyen duquel se fait cette chasse. J'emploie d'autant plus volontiers le mot de charivari, que j'ai vu quelques-uns de ces hommes frapper à coups redoublés sur des casseroles, digne accompagnement de leurs clameurs « horrificques, » eût dit Rabelais.

J'écoutais cet affreux vacarme, préférable cependant pour l'oreille d'un chasseur à la plus ravissante musique. Le bruit se rapprochait. Un mouflon s'élance tout à coup d'un fourré et se dirige vers l'endroit où j'étais posté. J'épaule mon fusil. Parvenu à une distance de cinquante mètres environ, le mouflon s'arrête, prêtant l'oreille. Il s'était juché sur une petite corniche de rocher, et il demeurait immobile comme une statue sur son piédestal. A l'absence de cornes je reconnus une femelle. Je l'ajustai soigneusement et je tirai. Je vis la bête ployer les genoux et disparaître en roulant au bas de la corniche.

Fidèle à la consigne, je ne quittai pas mon poste. Quelques minutes s'écoulèrent, puis deux coups de fusil retentirent au-dessus de moi, vers l'extrémité de notre ligne.

Bernardo me rejoignit. La battue était

terminée. Il m'apprit que Marius, de l'un de ses deux coups, venait de tuer un mouflon. Il me demanda ce que j'avais fait. J'étais sûr d'avoir touché le mien. Je croyais le trouver gisant au pied du roc où il avait roulé. Mais nous n'aperçûmes à cet endroit qu'une mare de sang. L'animal blessé avait eu la force de se relever et de s'enfuir.

Le sang qui avait dégoutté formait une trainée ininterrompue. Nous suivîmes cette trace. Bernardo me fit tout de suite observer que le mouflon était descendu vers le bas de la montagne, au lieu de gagner les hauteurs, ce que font toujours ces animaux; c'est un indice, me dit-il, qu'il est très grièvement blessé.

La poursuite présenta bientôt de sérieuses difficultés. Cette partie de la montagne était flanquée d'une succession d'escarpements étagés comme des gradins. Nous étions obligés, pour descendre d'un entablement sur un autre, de nous couler le long des roches à pic. Nous arrivâmes ainsi à un endroit obstrué par un inextricable enchevêtrement de broussailles, au milieu desquelles se perdait la trace de sang. Impossible d'aller plus avant. Il ne fallait pas songer à revenir en arrière : comment remonter sur les gradins que nous avions franchis en nous laissant glisser contre les parois perpendiculaires ?

Nous fûmes pendant quelques instants en grand souci. Nous comprîmes que nous ne pourrions nous dégager qu'en faisant une trouée à travers un énorme fourré formé par les jets entrelacés d'une ronce, de la même espèce que celles, si communes en Provence, qui éparpillent sur le bord des haies leurs mûres sauvages et dont on a tant de peine à se dépêtrer quand on est saisi par leurs longues tiges armées d'aiguillons recourbés.

Nous dûmes, en coupant quelques branches, creuser une sorte de couloir, puis nous traîner à plat ventre, non sans laisser aux épines des lambeaux de vêtement, et, vous le pensez bien, avec le visage et les mains labourés de nombreuses égratignures.

Nous pûmes enfin nous délivrer. Bernardo eut un beau mouvement. « Si jamais nous revenons ici, me dit-il, nous passerons plus aisément. » Et tirant une allumette de sa poche, il mit le feu à l'énorme buisson, que nous vîmes s'embraser en un instant et flamber comme un immense feu de joie, en lançant jusqu'au faîte de la montagne une colonne de flamme empanachée de fumée blanche.

Ce n'était pas sans un vif regret que nous abandonnions le mouflon blessé, et, suivant toute probabilité, mort à cette heure. Nous eûmes un peu plus tard la certitude qu'il avait succombé. Un des chiens employés à la battue n'était pas retourné avec les autres. On pensa qu'il avait suivi le mouflon à la piste et que, l'ayant trouvé mort, il s'en était repu. Ce chien ne revint au village que très tard dans la soirée. Un frère de Bernardo le conduisit aussitôt à notre logis pour nous le montrer : il avait les pattes et le museau couverts de sang et la panse rebondie ; il s'était évidemment donné l'ample régal d'une curée chaude.

A l'issue de la chasse, tout le monde s'était réuni à la ferme de Sessula, où nous arrivâmes, Bernardo et moi, longtemps après les autres. Nous y trouvâmes le mouflon tué par Marius. C'était un superbe mâle, beaucoup plus beau que celui rapporté de la forêt d'Idola.

Le moment est venu de tenir la promesse

que je vous ai faite dans ma dernière lettre, et de vous décrire le mouflon.

Ce ruminant, par sa taille et par son allure, ressemble au chamois. La tête, chez le mâle, est armée de deux cornes formant une volute, comme celles du bélier. Le pelage, d'un fauve clair, offre quelque chose de singulier : une grande tache blanchâtre de forme carrée, qui s'étale sur les flancs, et, vue d'un peu loin, figure une selle ; le poitrail et le ventre sont blancs.

Le mouflon est d'un naturel très sauvage : dès qu'il entend le moindre bruit, il fuit dans des lieux presque inaccessibles. Pourtant il s'apprivoise facilement, quand on le prend tout jeune. Le *signor* Gaviano en possède un petit, qui nous a charmés par sa grâce familière. Il ne tiendrait qu'à nous de l'emmener à Marseille ; l'aimable pharmacien veut absolument nous en faire don. Mais les transports en Sardaigne présentent tant de difficultés, qu'il serait souverainement imprudent de s'embarrasser d'un mouflon.

Que diriez-vous, mon cher ami, si pour compléter le chapitre du mouflon, je vous donnais de cet animal un portrait... en vers latins ?

Vous vous demanderiez avec stupeur quels étranges effets peuvent produire sur le cerveau d'un chasseur marseillais les rayons du soleil de Sardaigne. Rassurez-vous, je ne suis pas l'auteur des vers latins que je veux vous faire savourer.

Vous êtes un fin lettré, *my dear*, très capable d'avoir prisé Santeuil ou le P. Du Cerceau ; mais avouez humblement que vous ne connaissez pas le P. Carboni.

François Carboni, mort en 1817, avait appartenu à l'ordre des Jésuites et fut l'ami du Pape Pie VII. Il occupa la chaire d'éloquence latine à l'université de Cagliari. Ses vers latins lui ont marqué une place dans le panthéon littéraire de la Sardaigne.

Sa muse choisissait quelquefois des sujets bizarres. Il composa un poëme sur l'insalubrité qui désole la Sardaigne, *de sardoâ intemperie,*

Admirable matière à mettre en vers latins,

allez-vous dire avec Musset.

Il célébra, dans un poëme héroïque en plusieurs chants, la gloire militaire de Napoléon, qu'il admirait passionnément. Puis il eut des remords : il se souvint que le Pape, dont il obtint l'amitié, avait eu pour persécuteur l'homme auquel il venait de consacrer ses hexamètres. Le P. Carboni hésita peut-être, mais il finit par jeter au feu sa *Napoléonide*, et c'était, paraît-il, son œuvre de prédilection ! Quand on songe à l'amour si vivace qu'éprouve toujours un poète pour les enfants de son génie, on est profondément touché du sentiment qui porta celui-ci à détruire son épopée ; et l'on peut dire, en risquant un inoffensif jeu de mots, qu'il accomplit là un sacrifice plus « héroïque » assurément que n'était son poëme.

Voici, avec leur parfum virgilien, les vers où le P. Carboni a dépeint le mouflon :

Marmoreum candet pectus, lita tergora villo
Sparguntur rufo; stant recta oblongaque colla ;
Subnigræ in multis maculæ cernuntur, at illæ
Exiguæ; splendent oculi, variantque colores
Adverso quot sole trahit Thaumantias Iris.
Pulcher frontis honos, exilia crura, pedumque
Mobilitas, celeres vincat quæ fulminis alas ;
Et, ramosa illis ni desint cornua, quando
Ipsis arietum more in gyrum acta leguntur,
Cervos credideris; moles quibus ipsa, colorque.
Nec nisi turmatim densis discurrere silvis,

Præsertim tenuis cœlo si decidat imber,
Aut latis videas agiles colludere campis.
Interea si quis teretes concentus ad aures
Perveniat, capita attollunt, cursum illico sistunt,
Attonitique sonos et lenia murmura captant (1).

(1) Leur poitrail est blanc comme le marbre, un pelage fauve recouvre le reste du corps; le cou est allongé et droit. Ils ont souvent de petites mouchetures noires. Leurs yeux sont brillants et se colorent de toutes les teintes que le reflet du soleil donne à l'arc-en-ciel. La tête est belle et noble, les jambes sont déliées, les pieds plus prompts que les ailes rapides de la foudre; et s'ils portaient des ramures, au lieu de cornes enroulées comme celles des béliers, on les prendrait pour des cerfs: la taille est la même, ainsi que la couleur. On les voit errer par troupes sous les forêts épaisses, surtout quand il tombe une petite pluie, ou s'ébattre avec une joyeuse agilité à travers l'étendue des campagnes. Mais

La versification latine me permet, en observant la loi des transitions, de vous conduire à la poésie sarde, et à la poésie improvisée, s'il vous plaît.

Mes études préliminaires sur la Sardaigne m'avaient révélé une chose singulière, mais que dans notre court passage à travers le pays, je ne me flattais guère de constater *de visu* : c'est l'existence dans la classe populaire de certains hommes doués de la faculté d'improviser, qui composent, paroles et musique, des ballades ou des complaintes au sujet de tel ou tel événement accompli sous leurs yeux.

Il devait nous être donné d'assister à une

alors si quelque bruit de voix ou d'instrument vient frapper leurs fines oreilles, ils lèvent la tête et s'arrêtent soudain, effrayés du moindre son, du plus léger murmure.

de ces improvisations, et je vous assure que notre excursion en Sardaigne ne pouvait pas nous offrir d'épisode plus intéressant.

Nous avions quitté la ferme de Sessula à la nuit tombante et nous revenions à Lanusei, marchant pêle-mêle avec tous les auxiliaires de notre chasse, dans l'âpre sentier que nous avions suivi le matin.

A une portée de fusil du village, dont on voyait scintiller les lumières, l'escorte s'arrête, et l'un des hommes entonne un chant qui, dès les premières notes, nous surprend par sa bizarre mélodie. Nous nous arrêtons aussi, nous formons un cercle : le chanteur achève une sorte de strophe, puis tous ses compagnons reprennent en chœur les dernières paroles, mais sur un air différent, qu'ils accompagnent des plus étranges roulades.

Il n'est pas possible de rendre l'effet pénétrant que produisait cet unisson de voix sonores et pures, vibrant dans le silence de la nuit. Une seconde strophe succède à la première, puis une troisième, et toujours entre chacune d'elles retentissait l'éclatant refrain.

Le dialecte sarde, vous ai-je dit, est pour nous absolument inintelligible. Le petit banquier nous expliqua qu'il y avait parmi ces hommes un improvisateur et qu'il célébrait dans une ballade la mort du mouflon et la gloire du chasseur sous les coups duquel l'animal était tombé.

Nous étions avides de comprendre les paroles de cette curieuse ballade, et nous priâmes le banquier de nous traduire chaque strophe en italien. Il condescendit à notre désir. Mais habitué sans doute à des improvisations de ce genre, il ne se rendit pas bien compte de l'intérêt qu'une telle nouveauté excitait chez nous, et comme il semblait n'écouter que d'une oreille distraite, je suis sûr que sa traduction a été bien incomplète.

Voici pourtant un échantillon de quelques strophes qu'il nous traduisit :

« Ce matin encore, le mouflon broutait
« paisiblement l'herbe qui croît sur les ro-
« chers du mont Tricoli.

« Quand il a voulu s'enfuir, il est venu
« passer dans le sentier où était embusqué
« un seigneur français.

« Le seigneur français a le coup d'œil sûr
« et la main ferme.

« La balle de son fusil a traversé le cœur
« du mouflon.

« Pauvre mouflon ! il eût mieux valu pour
« lui qu'il ne passât point en cet endroit.... »

La verve de l'improvisateur semblait intarissable, et les strophes suivaient les strophes. Ah ! combien nous avons regretté de ne pouvoir jouir en plein des trésors de poésie naïve que la ballade du mouflon contenait certainement !

Quand le chanteur eut fini, il tira en l'air les deux coups de son fusil. Tout le monde l'imita ; et cette fusillade bien nourrie, qui se prolongea pendant plusieurs minutes, vint couronner dignement une scène empreinte de la plus saisissante originalité.

Nous sommes rentrés à Lanusei, enchantés de notre journée, dont nous savourerons longtemps par le souvenir les divers incidents, surtout le dernier avec son suave parfum de poésie locale.

Vale et me ama.

L. L.

P. S. — Il n'est pas probable qu'il y ait tous les jours un navire pour emporter sur le continent les lettres écrites de Sardaigne ; en sorte que la plupart de celles que je vous adresse vous parviendront en même temps. Ne soyez pas étonné si les dates que vous y trouverez sont inexactes, et même si elles ne sont pas datées ; je n'ai point de calendrier sous les yeux, et vous ne sauriez croire à quel point, au milieu de tous ces déplacements, on perd la notion du temps. D'ailleurs, vous devez comprendre que mes longues lettres ne sont pas écrites d'un seul trait ; j'écris à bâtons rompus, quand je puis, avec les mauvaises plumes du *signor* Gaviano, le plus souvent avec mon crayon ; j'utilise, au milieu des situations les plus diverses, les moindres instants de liberté que me laissent les agitations de notre existence actuelle. Si vous ne vous en aperceviez pas au griffonnage de l'écriture, vous le reconnaîtriez bien au décousu du style ; je ne vise qu'à une chose : raconter les faits et rendre les impressions avec la plus rigoureuse sincérité. Mais je tiens à vous rappeler, encore une fois, nos accords : ne vous effrayez pas de la botte de lettres que le facteur vous apportera ; vous n'êtes pas même tenu de les décacheter.

VII

Lanusei, le 23 octobre 1879.

Malgré les succès que nous y avons remportés et tout le plaisir qu'elles nous ont fait goûter, il paraît, mon cher ami, que les deux parties de *caccia grossa*, racontées en détail dans mes dernières lettres, n'étaient pas sérieuses : c'est du moins ce que nous déclara Bernardo. Si l'on voulait obtenir de plus beaux résultats, il fallait, nous dit-il, réunir un personnel plus nombreux, monter à cheval et nous enfoncer plus avant dans les montagnes. Nous approchions du jour fixé pour notre départ de Lanusei. Nous résolûmes de faire nous-mêmes les frais d'une grande expédition où rien ne serait épargné afin de clôturer brillamment la série de nos exploits. Nous confiâmes à Bernardo la mission de tout préparer et nous lui donnâmes pleins pouvoirs.

Bernardo a bien fait les choses. Avant-hier, en nous levant, nous fûmes agréablement surpris de voir dans la grande rue une trentaine d'hommes qui nous attendaient; quelques-uns même étaient venus à cheval. Il y avait, en outre, pour chacun de nous un cheval tout sellé.

La sortie du village offrit un coup d'œil superbe. Cette troupe de chasseurs en marche, défilant à travers les méandres de la route, avec leurs fusils reluisant au soleil, ressemblait à une petite armée divisée en deux corps : infanterie et cavalerie. L'infanterie se composait des traqueurs recrutés par Bernardo ; rappelez-vous mes descriptions précédentes. Deux des cavaliers paraissaient commander en chef l'expédition. Bernardo nous présenta l'un d'eux comme un adroit chasseur, lié avec lui d'étroite amitié ; c'était le seul qui ne portât pas le costume sarde et il avait des anneaux d'or aux oreilles. Sa physionomie, un peu dure, décelait de l'intelligence et de l'énergie ; nous le prîmes pour un ancien soldat. L'autre était un vieillard, très vert, revêtu du costume national, avec sarrau de drap écarlate, ayant une très belle tête, une longue barbe blanche, un air tout à la fois doux et majestueux, patriarcal et olympien. Il aurait pu servir de modèle à un artiste chargé de peindre la figure de Jupiter ou d'Abraham. Il montait avec tout l'art d'un écuyer consommé un très joli cheval blanc.

Après plusieurs heures de chevauchée à travers un pays désert, accidenté, sauvage, nous voyons apparaître au fond du paysage la haute cîme du Gennargentu, dont je vous ai parlé précédemment. Nous faisons halte, pour déjeuner, sur le penchant d'un monticule où croissent quelques bouquets d'arbres. On attache les chevaux, on allume de grands feux, on s'assied ou l'on s'étend sur l'herbe en formant des groupes éminemment pittoresques, et l'on tire du bissac, que chaque cavalier porte en croupe, la charcuterie et le fromage, éléments fondamentaux des repas champêtres, et qui méritent d'être mentionnés avec éloge parmi les produits indigènes.

Malheureusement, depuis notre départ, des nuages gris avaient envahi le ciel, suspendant sur nos têtes la menace d'un orage. Quel guignon ! Dire que quelques gouttes d'eau allaient peut-être suffire pour anéantir une partie si bien montée ! Si la pluie n'avait pas dû compromettre la chasse, nous aurions envisagé avec indifférence la perspective d'être mouillés. Mais il était à craindre que la première ondée ne fût le signal d'une débandade générale.

Les nuages baissaient ; de temps en temps un rayon furtif illuminait nos cœurs d'une fugitive espérance. Mais le soleil disparaissait de nouveau, et nous voilà de nouveau en proie à tous les tourments de l'anxiété.

Enfin la nuée s'épaissit tout à fait et il commence à pleuvoir. Je dois reconnaître que nos hommes subirent l'épreuve de l'eau plus stoïquement que je n'aurais cru. Le déjeuner s'acheva sans que personne voulût pour cela perdre un coup de dent.

Il nous sembla bientôt que le ciel se laissait désarmer par l'ardeur de nos vœux. La pluie cessa. Bien que le temps restât sombre, on décida que l'on se mettrait en chasse immédiatement.

Nous nous engageons à pied dans une étroite vallée ; on nous prescrit de garder le plus profond silence. Nous arrivons ainsi à un endroit où la vallée s'élargit et devient circulaire comme un amphithéâtre. Les postes désignés à chacun des tireurs sont échelonnés de façon à former une ligne sinueuse qui garnit tout le pourtour.

Au moment où le vacarme des traqueurs parvenait à nos oreilles, la pluie se remet à tomber. La battue se poursuit néanmoins ; mais elle ne donne aucun résultat.

L'averse fut d'assez longue durée pour transpercer tous nos vêtements. Puis il s'éleva du vent et la pluie eut une nouvelle intermittence. On se réunit et l'on tint conseil. A l'unanimité l'on décida que l'on profiterait de l'éclaircie pour tenter une seconde battue.

Nous grimpons alors en toute hâte jusqu'au sommet de la montagne, dont nous franchissons l'arête, et nous descendons dans une autre vallée que nous cernons encore avec notre ligne de tirailleurs.

A vrai dire, personne parmi nous ne croyait plus au succès. Le soir allait venir. Quoique la pluie se fût arrêtée, le bois était ruisselant, et l'on ne pouvait pas espérer que les traqueurs le battraient avec assez de conscience pour en déloger les animaux.

Aussi l'on s'était posté un peu au hasard, sans prendre les précautions que rend nécessaires la grande finesse du gibier. Je m'étais assis sur le penchant de la montagne, dans un lieu entièrement découvert, où la moindre broussaille ne me permettait pas de dissimuler ma présence.

Tout à coup j'aperçois une biche qui monte du fond de la vallée et s'avance de mon côté. Je m'applique à garder la plus rigoureuse immobilité, dans l'espoir que l'animal, ne me voyant pas, se rapprochera jusqu'à bonne portée de mon fusil. Vain espoir! J'entends trois coups de feu tirés successivement du poste qui, à une distance de trois cents mètres environ, faisait suite au mien, et je vois en même temps les projectiles ricocher dans les pierres à quelques pas au-dessus ou au-dessous de la biche. Celle-ci, épouvantée, rebrousse chemin et s'élance vers la hauteur.

C'était là un mauvais tour que me jouait ce diable de Léon. Il faut vous dire qu'il est venu en Sardaigne orné d'une carabine anglaise, grâce à laquelle il excite à un haut degré l'admiration des naturels du pays, et revêt à leurs yeux tout le prestige d'un véritable Jupiter-Tonnant. Cette carabine peut tirer douze coups sans être rechargée, et son heureux possesseur la présume capable d'atteindre un but placé à je ne sais combien de kilomètres. Léon se trouvait fort éloigné de la biche, mais il pensa qu'elle lui offrait une belle occasion d'essayer la fameuse carabine. Ses trois coups eurent pour seul effet de mettre en fuite la bête, que pendant quelques instants j'avais pu croire destinée à tomber sous mes balles.

La pauvre bête était d'ailleurs condamnée. Elle bondit, affolée, vers la crête de la montagne. Mais elle se trouvait, sans le savoir, enfermée dans une enceinte qu'elle n'aurait pu franchir qu'en échappant à d'inévitables coups de feu. Elle vint aboutir à une issue que gardait le vieux Sarde à casaque rouge.

Nous vîmes dans l'ombre du soir luire comme un éclair la flamme du fusil, et la biche roula, frappée à bout portant.

Aussitôt tous les chasseurs quittent leur

poste et descendent vers le bas de la vallée, où toute la troupe s'assemble sur la lisière d'une forêt de chênes-verts.

On avait amené à cet endroit tous les chevaux qui étaient restés au campement du matin.

Deux hommes y apportent la biche. Nous contemplons avec une avidité mêlée de pitié attendrie ces formes si gracieuses, cette tête fine si élégamment attachée, ce grand œil ouvert que la mort n'a pas eu le temps de voiler et qui conserve encore une expression si douce.

Le crépuscule assombrissait déjà le paysage. On s'apprête à partir pour Lanusei. Mes amis étaient en selle, et j'avais moi-même le pied à l'étrier lorsque je m'aperçois qu'aucun de nos auxiliaires, à l'exception de Bernardo, ne se met en devoir de nous accompagner. Je questionne les chefs et j'apprends que tous ces hommes ont résolu de passer la nuit dans la forêt, afin de continuer la chasse, le lendemain, pour leur propre compte.

Une mirobolante inspiration surgit aussitôt dans mon esprit : je prends le parti de rester avec eux.

Vous auriez ri, mon cher ami, en voyant l'air consterné qui se peignit sur la figure de mes compagnons, quand je leur notifiai ma détermination. Ils crurent, sans doute, que j'étais subitement devenu fou. Mais comme ils n'avaient pas assez d'autorité sur moi pour m'empêcher de mettre mon projet à exécution, force leur fut de me laisser. Ils me dirent adieu d'une voix dolente, et me serrèrent la main comme si c'était pour la dernière fois.

Ah ! quelle fière idée j'ai eu là ! Je viens de passer la plus délicieuse nuit qu'une âme d'artiste puisse imaginer, et je vous écris sous l'impression d'un ineffable ravissement.

A vrai dire, j'éprouvai d'abord un sentiment assez difficile à définir. Je fus envahi par une sorte d'humeur noire, quand, après le départ de mes amis, je me trouvai seul au milieu de cette forêt, entouré de tous ces hommes qui m'étaient inconnus, dont je ne comprenais pas le langage et auxquels l'obscurité du soir donnait une mine encore plus farouche. Je ne ressentais assurément aucune frayeur. Mais je songeais malgré moi aux émotions par lesquelles doit passer un voyageur devenu l'otage des brigands, lorsqu'il se voit sur le point d'être traîné dans leur repaire.

Cet accès de mélancolie fut de courte durée. Je ne tardai pas à être distrait par tout ce qu'il y avait de pittoresque dans la situation.

Nous nous trouvions sous une futaie de

vieux chênes-verts, secoués, ployés, tordus par le vent qui soufflait alors avec une extrême violence. Figurez-vous une de ces bourrasques du mistral de notre Provence, succédant brusquement à une petite pluie. Il fallait chercher un recoin un peu abrité pour y établir le campement. J'accompagne l'ami de Bernardo, et en parcourant la forêt dans tous les sens, nous découvrons une petite anfractuosité, un ravin creusé par les eaux et dont les bords escarpés comme une muraille doivent nous protéger assez bien contre la tourmente.

Toute la bande, appelée, s'y réunit, et l'on songe d'abord à se procurer du feu. Il y avait çà et là, gisant sur le sol, des chênes plus que centenaires déracinés par la foudre ou tombés de vétusté. Une escouade parvient, avec de grands efforts, à traîner au milieu du petit ravin trois énormes troncs que l'on fait chevaucher l'un sur l'autre en les appuyant sur des blocs de pierre. Puis on remplit de menu bois les interstices, et, peu d'instants après, ce bûcher devenu incandescent nous réjouissait par l'intensité de son éclat et surtout par un calorique dont nous avions grand besoin.

Les flammes éclairaient une scène à laquelle leurs reflets rougeâtres prêtaient un caractère fantastique.

La biche tuée dans l'après-midi avait été apportée au campement, et cinq ou six de nos hommes s'étaient mis à l'éventrer. L'étrange lumière projetée sur eux par les flammes vacillantes et rouges du foyer les faisait ressembler à une réunion de sorciers en train d'accomplir les rites sanglants du sabbat.

Ils me parurent fort habiles en l'art de la charcuterie. En ouvrant la bête, ils avaient soigneusement recueilli le sang; puis avec les boyaux que l'un d'eux était allé laver dans un petit ruisseau voisin, ils confectionnèrent des boudins. Un autre s'était mis à la recherche d'un olivier sauvage, et il revint bientôt portant un faisceau de baguettes minces, longues et droites ; on les dépouilla de leur écorce, on aiguisa en pointe l'un des bouts, et l'on y enfila les boudins, ainsi que le cœur, le foie et les rognons coupés en morceaux. Chacune de ces broches fut ensuite confiée à l'un des hommes chargés des fonctions de rôtisseur. Ils s'accroupirent près du feu, et bravant l'ardente chaleur, ils eurent la patience de les faire tourner dans leurs mains jusqu'à ce que la cuisson fût complète.

Ce rôti hétéroclite composa tout le souper, avec du pain dur et un peu de fromage, reliefs de notre déjeuner du matin. Je n'irai pas jusqu'à jurer que le foie de biche est un mets délectable. Mais vous comprendrez sans peine, vous qui êtes autant que moi amoureux de l'originalité, combien je savourais le bonheur de me trouver à pareille fête.

Nous nous étions assis par terre, l'un à côté de l'autre, formant un grand cercle autour du vaste foyer. Nous avions, pour nous désaltérer, du vin contenu dans un petit baril dont j'avais remarqué la curieuse structure. C'est tout simplement une pièce de bois que l'on a taillée au-dehors en forme de baril et creusée à l'intérieur. On faisait, de temps en temps, circuler à la ronde ce barillet. Chacun le prenait à son tour, le soulevait avec les deux mains et buvait à même en appliquant les lèvres à l'ouverture de la bonde.

Tous ces Sardes, avec leur visage truculent, hérissé de poil noir et teinté de rouge par les rayonnements du brasier, semblaient de vrais diables d'enfer. Bons diables au demeurant, du moins à mon égard ; car je saisissais, à travers leur incompréhensible jargon, l'expression d'une bienveillance particulière pour ce compagnon civilisé qui n'avait pas dédaigné de partager, pendant vingt-quatre heures, leur existence de sauvage.

Il y eut, à la suite du repas, quelques chants qui m'intéressèrent par la bizarrerie des airs. La veillée, du reste, ne fut pas longue. Le silence s'établit peu à peu, et chacun prit ses dispositions pour dormir : dispositions sommaires, en vérité. Personne ne quitta sa place et le cercle resta formé; on s'allongea tout simplement sur la terre nue, avec une grosse pierre en guise d'oreiller. La température s'était refroidie, et l'absence de couvertures aurait pu devenir une véritable souffrance; mais la braise amoncelée entretint pendant toute la nuit une chaleur très agréable. Le vent continuait à mugir dans le branchage des grands chênes. Nous étions suffisamment abrités contre les fureurs de la tempête par les parois du ravin. Mais quelquefois les rafales troublaient notre repos en refoulant vers nous la fumée, ou en faisant tourbillonner au-dessus de nos têtes une pluie d'étincelles. Quand, par intervalles, le vent se taisait, j'entendais le bruit de nos chevaux qui, laissés en liberté, erraient autour de nous et broyaient dans leurs dents des brindilles de bruyère.

Après avoir longuement dégusté tout le charme, toute la poésie, — je n'hésite pas à prononcer le mot, — d'une situation si nouvelle, je m'abandonnai au sommeil. Vous voudrez bien me faire l'honneur de me croire quand je vous dirai que j'ai dormi profondément pendant toute la nuit ; j'avoue qu'en me levant, j'avais les membres un peu endoloris. Mais pour rien au monde je n'aurais consenti à échanger mon petit recoin sur le sol nu de la forêt de Terralei contre un des lits de feuilles de rose de la voluptueuse Sybaris.

Les premiers rayons du matin nous ont réveillés. Il est inutile de vous dire que mes compagnons n'étaient pas gens à gaspiller beaucoup de temps à leur toilette. On reprend les fusils, accrochés aux buissons d'alentour, et l'on se divise en deux bandes, celle des tireurs et celle des traqueurs.

Je remonte, avec le peloton des tireurs, sur le versant où la biche avait été tuée la veille ; nous atteignons le sommet, puis nous passons sur un autre versant, et les deux chefs, sans prononcer un mot, désignent du doigt les postes que nous irons occuper.

Le vent ne s'était pas calmé. Il avait entièrement débarbouillé le ciel, et le soleil levant dorait la grande masse du Gennargentu qui se dressait majestueusement devant nous. Mais l'irradiation ne parvenait pas à échauffer l'atmosphère et le froid très vif rendait pénible l'immobilité de l'embuscade.

Les gens du pays m'avaient affirmé que dans ces chasses à la grosse bête, les battues faites de grand matin sont toujours les meilleures. Ils avaient raison. A cette première battue, j'ai entendu tirer sur toute la ligne au moins une vingtaine de coups de fusil. Je m'attendais à un terrible carnage. Quand nous nous sommes réunis sur le haut de la montagne, il n'y avait de mort qu'un très beau mouflon mâle. Les replis du terrain me cachaient pendant la battue la plupart des tireurs et je ne pouvais pas suivre du regard les diverses péripéties de la chasse. Ayant beaucoup de peine à me faire entendre de tous ces Sardes, j'étais embarrassé pour les questionner ; en sorte que je n'ai pas su combien de bêtes avaient été vues et manquées. Mais j'ai conçu une piètre idée de l'adresse des indigènes.

Un seul incident s'est déroulé sous mes yeux. L'ami de Bernardo occupait un poste situé à deux ou trois cents mètres du mien. Je le vois tout d'un coup se retourner vivement et faire feu de ses deux canons sur trois mouflons, un mâle et deux femelles, qui passaient derrière lui. Il les a tirés d'assez près, mais il m'a dit ensuite, pour s'excuser de les avoir manqués, qu'il avait été surpris. Il ne s'attendait pas, en effet, à voir le gibier arriver de ce côté. Averti par le bruit, il avait fait une brusque volte-face et tiré ses deux coups avec trop de précipitation.

Ces animaux étaient sans doute sortis du maquis par une issue où l'on avait négligé d'aposter quelqu'un. Après avoir essuyé les deux décharges de mon voisin, ils se sont dirigés vers moi. Pendant un moment, j'ai eu l'espoir de les tirer à bonne portée. Mais ils ont vite obliqué à gauche, de façon à gagner la hauteur. Je les suivais de l'œil, espérant toujours que quelque circonstance imprévue les obligerait à se rapprocher. C'était un spectacle très intéressant que de les voir franchir, en sautant, les aspérités rocailleuses de la montagne. Le mâle marchait en tête, reconnaissable à ses superbes cornes: les deux femelles suivaient.

Parvenu sur le faîte, et avant de descendre de l'autre côté, le mâle s'arrête un instant au-dessus d'un petit entablement et semble fixer ses regards vers nous. On aurait dit qu'il cherchait à mesurer l'étendue du péril auquel il venait d'échapper. Bien que la distance fût grande, je l'ajuste et je tire. Je comptais même lâcher presque aussitôt mon second coup. Mais je n'en ai pas eu le temps. Le mouflon avait disparu.

Cette première battue a été immédiatement suivie d'une seconde. La montagne où nous nous sommes transportés était, me dit-on, fréquentée par de nombreux sangliers. On m'a fait remarquer qu'à certains endroits la terre semblait fraîchement labourée. Le sol avait été ainsi fouillé pendant la nuit par le groin des sangliers en quête de racines comestibles.

Les pronostics ne nous ont pas trompés. Ce sont effectivement des sangliers que les traqueurs ont fait, cette fois, sortir du fourré. J'ai vu l'ami de Bernardo en manquer un de ses deux coups. Un autre a été tué, mais à un poste que je ne pouvais pas apercevoir.

Nous avons eu le temps de faire encore trois autres battues avant la fin de la journée. Vous voyez que le temps a été bien employé.

Il est vrai que l'on n'a plus rien tué. Mais, en somme, le mouflon et le sanglier constituaient un résultat satisfaisant. Je persiste à croire que la justesse du coup-d'œil n'est pas ce qui distingue les braves gens dont j'étais le compagnon. Je les ai entendus plusieurs fois faire en pure perte de véritables feux de file. Pour ma part, je n'ai plus eu de tout le jour l'occasion de rien voir, et par conséquent de tirer.

Notre dernière battue s'est faite sur le flanc d'une montagne de très curieux aspect que nous avions devant les yeux depuis le matin. On la nomme *Perdaliana*. Représentez-vous une base conique, isolée des montagnes environnantes, et surmontée d'un rocher ayant la forme d'un gigantesque cylindre. On croit voir un vieux château-fort, ou plutôt une sorte de tour Malakoff. Certaines érosions, certaines dentelures de la roche figurent les créneaux et complètent l'illusion. Le général de La Marmora, qui donne dans son livre un croquis de la *Perdaliana*, évalue à 1340 mètres au-dessus du niveau de la mer, l'altitude totale de cette butte. Le sommet en forme de tour, taillé à pic de tous les côtés, est absolument inaccessible.

Cette battue finale s'est terminée par une vive fusillade. J'ai compris que mes Sardes avaient manqué un vieux solitaire. Les traqueurs, de leur côté, ont rapporté qu'ils avaient aperçu un magnifique cerf. Mais à ce moment tous les chiens s'étaient élancés sur la piste du sanglier, et il n'a pas été possible aux hommes de contraindre le cerf à vider l'enceinte.

La nuit allait venir lorsque nous sommes remontés à cheval. Avec le mouflon et le sanglier tués le matin, nous avons fait dans

Lanusei une triomphale entrée. J'ai été accueilli par les démonstrations de joie de tous mes amis, qui depuis la veille n'avaient pas cessé d'être très inquiets sur mon sort. Ils m'ont appris que tout avait été préparé pour nous permettre de quitter Lanusei aujourd'hui. Le *signor* Caredda, neveu de notre hospitalier pharmacien, et directeur d'un service quotidien entre Lanusei et Cagliari, est arrivé de cette capitale; il se propose, voulant nous faire honneur, de nous escorter de sa personne. Nous allons donc partir ce matin pour Cagliari. C'est de là que sera datée ma prochaine lettre.

VIII

Cagliari, 24 octobre 1879.

MON CHER AMI,

Le fusil a été remis au fourreau, et je ne pense pas qu'il se présente, avant notre retour en France, de nouvelles occasions de l'en faire sortir. Nous avons cessé d'être des chasseurs pour devenir de simples touristes. Vous ne subirez plus, désormais, ces longs récits de chasse qui vous auront paru bien fastidieux, si vous avez eu la patience de les lire jusqu'au bout.

Nous voici maintenant dans la capitale de

la Sardaigne, où nous sommes arrivés ce matin, après avoir roulé pendant toute la journée d'hier et pendant toute la nuit dans la diligence du *signor* Caredda.

La journée avait été charmante, mais la nuit a été rude !

La route que nous avons parcourue au sortir de Lanusei est très curieusement accidentée. Elle s'élève au-dessus du village par des spirales qui aboutissent presque au sommet du mont Tricoli. On traverse, en suivant une gorge étroite, toute l'épaisseur du massif, et lorsqu'on débouche sur l'autre versant, on voit tout-à-coup s'ouvrir devant soi une large vallée, profondément encaissée entre la chaîne du Tricoli que l'on vient de franchir, et une autre chaîne parallèle, de hauteur égale, dont une falaise taillée à pic forme la crête. On aperçoit deux ou trois villages posés, à des élévations différentes, sur la pente de la montagne, et toujours menacés, à ce qu'il semble, d'être écrasés par d'énormes quartiers de roche sur le point de se détacher des escarpements qui surplombent.

La construction hardie de la chaussée fait honneur à l'art des ingénieurs. Elle descend en zig-zag, sur le penchant abrupt du mont Tricoli, jusqu'au fond de la grande vallée, après avoir longé le village de Gairo, bâti à mi-hauteur, puis elle remonte au moyen d'autres lacets sur le flanc de la chaîne opposée. On arrive ainsi au-dessous de l'immense corniche, qui se dresse là comme une barrière infranchissable; mais la route trouve bientôt une issue, et par une large ouverture on pénètre dans la gorge de Taquisara.

C'est assurément l'un des plus beaux sites que puisse offrir la Sardaigne. Longue de plusieurs kilomètres, la gorge est resserrée entre des rochers dont les parois verticales sont chaudement colorées ; une superbe forêt de chênes, au travers de laquelle est frayé le chemin, occupe tout l'espace qui s'étend entre ces deux murailles.

La forêt de Taquisara est déserte. Mais on y trouve, au milieu d'une clairière, et sur le bord de la route, une spacieuse *cantoniera* où nous faisons halte. Le propriétaire de la diligence, le directeur des « Messageries Caredda, » a tenu à nous accompagner, et par ses soins, un excellent déjeuner nous a été préparé dans la *cantoniera*. Vêtu d'un costume de couleur voyante, le *signor* Caredda montre une figure enluminée et joviale, et un ventre rebondi, sur lequel s'étale une opulente giletière et des breloques qui résonnent comme des grelots. Nous nous attablons volontiers. Nous sommes heureux de savourer, encore une fois, cette charcuterie et ce fromage *sui generis* que produit la Sardaigne, et nous trinquons, au dessert, avec un flacon de vin blanc, dernière prévenance de l'obligeant pharmacien.

En sortant de la gorge de Taquisara, nous franchissons sur un pont un petit cours d'eau, le Rio di San-Girolamo. Puis nous gravissons une côte et nous traversons le village d'Ussassai.

Nous avons quitté la province de l'Ogliastra pour entrer dans la Barbagia : c'est de toute la Sardaigne la région la plus sauvage, la plus reculée, la plus rebelle à la civilisation.

Déjà les Romains l'avaient nommée *Barbaria*, et ils appelaient *Barbaricini* les peuplades qui y étaient établies. Les habitants de cette contrée se flattent d'être les descendants de montagnards indomptés que n'a pu ployer sous le joug aucune des nations tour à tour maîtresses de l'île. On trouve dans le code de Justinien une loi enjoignant au gouverneur ou *dux* de la Sardaigne de placer des troupes au pied des montagnes habitées par les *Barbaricinæ gentes*, afin de les tenir en respect. Ces peuples sauvages conservèrent, longtemps après l'établissement du christianisme, les pratiques de l'idolâtrie : plusieurs lettres du pape saint Grégoire-le-Grand témoignent de ses efforts pour convertir ces infidèles.

Un passage de la *Divine Comédie* où la Barbagia est mentionnée a mis en grand émoi tous ceux qui se sont occupés des choses de la Sardaigne.

Dante rencontre dans le cercle du Purgatoire, où sont châtiés les gourmands, l'ombre de Forèse dont il fut l'ami. Une conversation s'engage entre eux, et Forèse parle avec attendrissement de sa femme Nella, qui ne l'a point oublié et continue à prier pour lui. Il fait en ces termes l'éloge de celle-ci :

« Elle est d'autant plus chère et plus agréable à Dieu, ma bonne veuve que j'aimais beaucoup, qu'elle est plus seule à bien faire.

« Car la Barbagia de Sardaigne a des femmes bien plus pudiques que la Barbagia où j'ai laissé la mienne. »

Che la Barbagia di Sardinia assai
Nelle femine sue è più pudica
Che la Barbagia dov' io la lasciai.

Cette Barbagia où Forèse a laissé sa Nella, c'est Florence. Les femmes avaient alors l'habitude de s'y montrer en public avec des robes décolletées. Dante, grandement scandalisé, met dans la bouche de Forèse ces objurgations :

« O doux frère ! que veux-tu que je dise ? Un temps futur est déjà devant mes yeux, temps pour lequel l'heure présente ne sera pas très ancienne,

« Où dans la chaire il sera défendu aux effrontées Florentines d'aller ainsi montrant leurs poitrines et leurs mamelles.

« Quelles femmes barbares, quelles Sarrasines furent jamais à qui il fallut, pour les forcer de se couvrir, des censures spirituelles ou d'autres règlements ! (1) »

Il semble, à première vue, qu'il n'y a pas à se méprendre sur l'opinion que le poète a voulu exprimer au sujet des femmes de la Barbagia dans le tercet où il les a nommées. N'est-ce point parce qu'elles ont la réputation de s'habiller d'une façon indécente qu'il a l'idée de les mettre en parallèle avec les Florentines, en déclarant à celles-ci, afin de les faire rougir, qu'elles sont encore moins

---

(1) *Purgat.*, ch. XXIII, trad. Brizeux.

pudiques? La plupart des traducteurs et des commentateurs l'ont ainsi compris.

Mais le général de La Marmora s'élève avec force contre cette interprétation et se fait le chevalier des dames de la Barbagia, pour lesquelles, à l'en croire, le sens du fameux tercet n'aurait rien d'injurieux. L'Alighieri, essayant de ramener les belles Florentines à de plus chastes atours, leur reproche cette mise licencieuse que l'on ne verrait pas même chez les femmes d'une contrée réputée barbare; assurément il n'a pas voulu dire autre chose.

Et le galant général appuie son apologie des arguments que voici. Le climat est âpre dans les montagnes de la Sardaigne; à défaut de la pudeur, la froidure y eût proscrit les robes trop échancrées. Et d'ailleurs, étant donnée l'immutabilité sarde, il y a lieu de penser que l'on y est encore vêtu comme au

XIVᵉ siècle ; or, rien de plus décent que les modes féminines de la Barbagia d'aujourd'hui.

Cette dissertation pique notre curiosité et nous voudrions bien voir nous-mêmes en quoi consiste le costume des femmes du pays. Mais toute la journée s'écoule sans que nous rencontrions âme qui vive. La route suit les sinuosités des montagnes ; les montées et les descentes se succèdent ; à tout moment le paysage change d'aspect : aussi loin que les regards peuvent plonger, on n'aperçoit que de vastes landes, entièrement désertes.

Cet aspect sauvage, cette profonde solitude nous font songer aux brigands dont nous avons failli être la proie en arrivant, d'après le témoignage du consul de Sassari, confirmé par les déclarations du président de Lanusei. Nous demandons à notre *vetturino* si nous ne sommes pas menacés d'être arrêtés.

Le *signor* Caredda nous répond par un énergique haussement d'épaules qui fait tintinnabuler ses breloques.

« Mais cependant, lui dit timidement l'un de nous, le président nous a certifié qu'il y a dans la montagne une bande de soixante brigands....

— Le président n'est qu'un vieux radoteur. »

Au coucher du soleil nous arrivons à Seui, gros bourg qui a rang de chef-lieu de canton. Pendant que l'on dételle les chevaux, le *signor* Caredda nous conduit chez son frère. Cet honorable fonctionnaire, — il remplit à Seui la charge d'*esattore*, percepteur, — nous accueille avec beaucoup de cordialité. Il nous fait servir dans son salon une petite collation, arrosée des meilleurs vins de sa cave. Les divers gâteaux que l'on nous présente, d'apparence hétérodoxe, je dois en convenir, nous ont permis de savoir jusqu'à quel degré peut arriver en Sardaigne l'art du confiseur. Vous ne serez pas étonné d'apprendre que cet art y est encore dans l'enfance. Il existe entre ces naïves sucreries et les merveilleux produits de notre civilisation raffinée la même différence qu'entre l'arc et les flèches de l'Iroquois et la mirobolante carabine de notre ami Léon.

Notre hôte nous raconte les divers incidents d'une grande partie de chasse qui a eu lieu tout récemment à Seui et qui avait été montée à notre intention. L'abbé M..., auquel nous n'avions fait connaître qu'au dernier moment notre itinéraire, avait d'abord supposé que nous arriverions par Cagliari. Ayant prévenu de notre passage éventuel à Seui les notables du pays, ceux-ci résolurent de nous y retenir deux ou trois jours et de nous faire assister à une belle *caccia grossa*.

Il y a dans cette région, nous a-t-on dit, des forêts magnifiques où le gibier abonde. Les détails que l'on nous rapporte nous font vivement regretter d'avoir manqué la partie si obligeamment organisée en notre honneur par les habitants de Seui. Les résultats ont été superbes. M. Caredda nous présente un jeune Piémontais, très adroit tireur, qui a fait ce jour-là un merveilleux coup double : il a tué, en deux décharges successives de son fusil, un cerf et une biche fuyant ensemble devant les traqueurs.

Notre diligence se remet en marche à la nuit tombante. A quelque distance de Seui, la route franchit sur un pont le Flumendosa. C'est un des principaux fleuves de la Sardaigne. Mais tout est relatif; et si l'on voulait le comparer au Rhône ou au Danube, ce fleuve ne serait qu'un modeste ruisseau. A peine pouvons-nous, à la lueur du crépuscule, voir miroiter l'eau. Bientôt les ténèbres nous enveloppent ; et il ne nous resterait plus qu'à nous endormir, si dans l'affreuse guimbarde où nous sommes encaqués, il était permis de l'essayer. Quel *carcere duro* que la voiture du *signor* Caredda, à qui pourtant le gouvernement italien paie une subvention annuelle de trente mille francs !

« Une mauvaise nuit est bien vite passée, » dit certain proverbe. Si jamais notre exemple vous détermine à voyager dans les diligences de la Sardaigne, vous trouverez ce proverbe-là bien impertinent. Enfin nous saluons de longs et bruyants soupirs de satisfaction l'aurore aux doigts de rose lorsqu'elle se décide enfin à venir entrebâiller les portes de l'Orient. La physionomie du paysage a changé. Les montagnes sont maintenant derrière nous dans le lointain, formant à l'horizon comme une large ceinture à franges bleuâtres. Nous roulons en plaine ; nous sommes, pour employer l'expression locale, dans le *Campidano*. Nous apercevons sur une éminence, à gauche de la route, un château-fort du moyen-âge, inhabité, mais bien conservé ; c'est le château de Saint-Michel. Nous approchons de Cagliari.

Nous entrons dans cette capitale par le faubourg de Saint-Avendrace. Ce faubourg se compose d'une simple rangée de maisonnettes qui, sur une longue étendue, bordent les deux côtés du chemin ; elles n'ont qu'un rez-de-chaussée et servent de gîte à une nombreuse population de pêcheurs, établie là à proximité d'un immense étang d'eau salée communiquant avec la mer et très poissonneux. Nous voyons, en effet, du côté droit de la route, l'étang scintiller aux rayons du soleil levant. Du côté gauche s'élève une petite colline dont la roche, d'un ton jaunâtre, est parsemée d'excavations. C'est une nécropole; toutes ces grottes béantes ont servi de sépulture aux habitants de l'antique cité de Karalis, devenue Cagliari.

La plus ornée et partant la plus curieuse de ces tombes, appelée *Grotte de la Vipère*, fut consacrée à une intéressante victime de l'amour conjugal. Vous allez me dire que le nom ne s'accorde guère avec la destination. Le nom dérive de cette circonstance qu'il y a deux serpents sculptés, parmi d'autres ornements, sur l'architrave qui surmonte l'entrée de la grotte. J'aurais tort d'oublier, mon cher ami, que vous êtes toujours affriandé par l'archéologie, et j'ai le devoir de faire ici, et sur le champ, une petite station afin de vous régaler de quelques détails.

L'intérieur de cette grotte est tapissé de nombreuses inscriptions grecques et latines. Des savants de tous les pays les ont lues,

copiées, traduites, expliquées, commentées,
« illustrées », comme disent les Italiens.
L'érudition française a été représentée dans
ce concert épigraphique par un membre de
l'Académie des Inscriptions et Belles-Lettres,
M. Le Bas. Oyez l'histoire du sépulcre, telle
que l'a mise en lumière le mémoire de l'éminent académicien.

Au temps de la domination romaine, une
dame née à Rome, Atilia Pomptilla, vivait à
Karalis avec son mari Cassius Philippus;
M. Le Bas pense que celui-ci était un descendant du célèbre jurisconsulte Cassius Longinus, exilé en Sardaigne par Néron. Cette
union durait depuis quarante-deux ans, lorsqu'un jour Pomptilla crut que son époux
allait trépasser. Elle pria les Dieux de prendre en échange sa propre vie et d'épargner
celle de Philippe. « Prompts à exaucer les
vœux funestes, » dit une des inscriptions.

les Dieux acceptèrent le sacrifice. Pomptilla mourut, et Philippe fut sauvé.

Protinus in placidam delabi visa quietem ,
Occidit, o celeres in mala vota Dii !

Un pareil dévouement méritait bien les honneurs funéraires que l'on rendit à la mémoire d'Atilia Pomptilla. M. Le Bas suppose que tous les poètes de l'île furent invités à prendre part à une sorte de concours destiné à perpétuer le souvenir de cet héroïsme conjugal. On expliquerait ainsi la multiplicité des inscriptions métriques en latin et en grec qui décorent la grotte. Voici, d'après la traduction de M. Le Bas, un échantillon de cette littérature funèbre :

« Que tes cendres, ô Pomptilla, fécondées
« par la rosée, se transforment en lys et en
« un vert feuillage où brilleront la rose, le
« safran parfumé et l'impérissable amarante.

« Puisses-tu devenir à nos yeux la fleur de
« la blanche primevère, afin que, à l'égal de
« Narcisse et d'Hyacinthe, cet objet de lar-
« mes éternelles, une fleur transmette ton
« nom aux générations à venir. Lorsque Phi-
« lippe sentait déjà son âme abandonner son
« enveloppe mortelle, et que déjà ses lèvres
« s'approchaient du Léthé, tu te sacrifias,
« ô Pomptilla, pour un époux expirant, et
« rachetas sa vie au prix de ta mort. Ainsi
« un Dieu a rompu cette douce union; mais
« si Pomptilla s'est dévouée pour racheter
« un époux chéri, Philippe, vivant à regret,
« demande avec ardeur de réunir bientôt son
« âme à celle de la plus tendre des épouses. »

Après avoir parcouru dans toute sa longueur le faubourg de Saint-Avendrace, nous
pénétrons dans le quartier de Stampace. La
rue où s'engage la diligence nous mène en
ligne droite au milieu d'une grande place

plantée d'arbres, qui nous paraît située à
peu près au centre de la ville : c'est la *Piazza
del Mercato*. Elle est ornée de deux monuments : une statue et une colonne. — La statue
en bronze, de proportion colossale, représente le roi de Sardaigne Charles-Félix Ier
vêtu en empereur romain. Je ne sais si vous
êtes de mon avis : ces anachronismes de costume me font l'effet d'une bouffonnerie. Quel
que soit le mérite du sculpteur, il me semble
que l'on ne peut regarder sans rire l'effigie
d'un personnage moderne avec l'accoutrement d'un acteur qui figure dans une tragédie classique ou dans une de ces parodies
mythologiques mises en musique par le
maëstro Offenbach. — La colonne fait vis-à-
vis à la statue ; elle est posée sur un piédestal
armorié et surmontée d'un globe : le tout
très simple. Les armoiries sont celles du marquis d'Yenne, vice-roi de Sardaigne en 1822,

sous l'administration duquel fut inaugurée la *Strada Centrale* : on désigne sous ce nom la grande route qui fut achevée à cette époque et qui était destinée à mettre en communication les deux extrémités de l'île. L'ouverture de cette importante voie constituait pour le pays, jusque-là si arriéré, un véritable événement. La colonne en marque le point de départ. De cet endroit au quai maritime de Porto-Torres, la route se déploie sur un parcours de 235 kilomètres.

Sur l'un des côtés de la place du Marché, à peu près en face de l'espace libre qui sépare la statue de la colonne milliaire, s'ouvre la plus belle rue de Cagliari. Elle se nommait autrefois *Contrada Costa* ; elle s'appelle maintenant *Via Manno*, en l'honneur du baron Manno, premier président de la cour de cassation du royaume, et auteur d'une très consciencieuse histoire de la Sardaigne. Cette rue est bordée de magasins ; il y en a plusieurs décorés avec un certain luxe. Nous nous arrêtons de préférence devant les étalages des orfèvres, où nous regardons curieusement des collections de bijoux de forme extraordinaire, qui complètent, chez les femmes surtout, l'originalité du costume national.

Parvenus à l'extrémité de la belle *Via Manno*, nous tournons à droite dans la *Via Santa-Rosalia*, et nous trouvons là l'hôtel où nous devons nous arrêter, la *Scala di Ferro*. Pour un hôtel sarde, celui-ci nous paraît suffisamment confortable. Nous prenons en toute hâte possession de nos chambres, et nous nous disposons à visiter la ville en détail.

Vous n'attendez pas, j'espère, que je vous décrive Cagliari, ses festons et ses astragales, avec l'exactitude d'un *Manuel du Voyageur* signé Joanne ou Bœdeker. Je vous ai déjà fait à cet égard une profession de foi ; je suis certain d'ailleurs que vous partagez mon sentiment sur l'inanité des descriptions, et si je m'y laissais entraîner vous ne manqueriez pas de m'arrêter en me disant comme Musset au sujet des préfaces :

Moi qui n'en lis jamais, ni vous non plus, je crois.

Je vais donc, mon cher ami, me borner à une esquisse qui vous permettra peut-être d'avoir une idée de la physionomie générale de cette gracieuse ville.

Si, usant d'un procédé cher aux faiseurs de descriptions, je personnifiais Cagliari sous une image féminine, je pourrais vous dire qu'elle a l'air d'être nonchalamment étendue sur le penchant d'une petite colline, qu'elle abandonne ses pieds aux molles caresses des flots azurés de la Méditerranée, et qu'elle porte au front une couronne murale festonnée de bastions et de tours.

La ville descend, en effet, du sommet d'un monticule, dont elle occupe le plateau, jusqu'au bord d'un large golfe abrité derrière deux promontoires, le cap Carbonara, à l'est, et le cap Spartivento, à l'ouest. Elle est entourée de vastes lagunes séparées de la mer par un cordon littoral. Je vous ai déjà signalé le *stagno di Cagliari*, près duquel nous avons passé en arrivant. Il a pour pendant, du côté opposé, le *stagno di Molentargiu*. Ces étangs servent à fabriquer du sel, et pendant l'hiver ils sont peuplés d'une multitude d'oiseaux aquatiques, parmi lesquels abondent les flamants aux ailes rouges.

Comme le chiffre de la population est un élément essentiel quand il s'agit d'apprécier l'importance d'une ville, je dois vous renseigner à cet égard. D'après les informations que j'ai recueillies, Cagliari contient dans ses divers quartiers environ 30,000 habitants.

Ces quartiers, au nombre de quatre, ont chacun une physionomie particulière. Voici leurs noms que je prends la liberté de franciser : *Stampace*, par où nous sommes entrés ce matin, *Ville-Neuve*, *la Marine*, qui avoisine le port, et enfin le *Château*.

Le quartier du Château, que les Italiens appellent *Castello* et les Sardes *Casteddu*, est sans contredit le plus original et le plus curieux à visiter.

Je vous ai déjà indiqué que la ville s'étale sur la déclivité d'une colline descendant jusqu'au bord de la mer. Le moyen-âge entoura d'une ceinture de fortifications le plateau qui couronne la butte, et c'est l'espace enfermé dans cette enceinte que l'on a nommé le Château. Ce quartier domine donc toutes les autres parties de la ville ; on y accède par des escaliers ou des rampes à pentes rapides.

Des anciennes fortifications il reste des remparts, des bastions que l'on a transformés en promenades publiques, et des tours fièrement campées dont la teinte rougeâtre se détache avec vigueur sur le bleu profond de l'horizon.

La première de ces tours, destinée à défendre l'entrée principale du Château, a porté dès l'origine le nom de *Tour de l'Éléphant*, ainsi que nous l'apprend une belle inscription en vers latins rimés, gravée près de la porte en caractères gothiques. Une des pierres de l'édifice qui fait saillie sert de console à un petit éléphant sculpté : le nom se trouve ainsi expliqué. L'inscription indique, en outre, que la tour a été construite à l'époque où les Pisans étaient maîtres de Cagliari, en l'année 1307, par un architecte nommé Johannes Capula. Le même architecte avait élevé deux ans auparavant la tour

Saint-Pancrace, située du côté opposé, et qui a bien l'aspect d'une sœur jumelle de la tour de l'Eléphant.

Il n'y a guère dans tout le quartier du Château que des rues étroites, tortueuses et sombres. C'est pourtant là que réside l'aristocratie et que l'on trouve les principaux édifices de la capitale : le palais royal, l'hôtel-de-ville, l'université, des casernes, un arsenal, plusieurs églises, la cathédrale, l'archevêché.

Nous avons visité en détail la cathédrale. Elle n'a, au point de vue architectural, rien de remarquable. La principale façade, reconstruite au XVII\ :sup:`e` siècle, est d'assez mauvais goût. Mais il y a dans l'intérieur une multitude de choses propres à intéresser le voyageur.

Le maître-autel, recouvert de plaques d'argent ciselé, est surmonté d'un tabernacle aussi en argent, figurant une église, d'une richesse et d'un travail admirables. Une lampe d'argent suspendue devant l'autel et de grands candélabres du même métal complètent la décoration du sanctuaire. Le chœur est entouré d'une élégante balustrade en marbre rouge tacheté de blanc, dont les deux extrémités, de chaque côté de l'escalier situé en face de l'autel, s'appuient sur des lions accroupis, en marbre gris, d'une exécution très ancienne, représentés avec cette physionomie bénigne que les artistes du moyen-âge donnaient à ces féroces animaux.

Parmi les curiosités que contient la cathédrale, c'est un mausolée placé au fond d'une chapelle latérale qui attire d'abord les regards par l'étendue de ses dimensions. L'ordonnance de ce monument rappelle ces somptueux tombeaux élevés dans les églises de Venise aux illustres doges de la Sérénissime

République. Il est orné d'une profusion de statues, taillées par des sculpteurs espagnols. L'ouvrage, en son ensemble, n'est pas dépourvu d'un certain agrément. Mais on y trouve, à un degré quelque peu choquant, cette enflure qui semble inhérente au caractère espagnol et qui d'ordinaire se manifeste plus encore dans les œuvres littéraires que dans les productions artistiques.

Ce prétentieux mausolée n'est qu'un cénotaphe élevé en l'honneur d'un prince aragenais mort à Cagliari, mais dont les restes furent transportés à Poblet, en Catalogne, pour y être confiés à une sépulture de famille. Il venait de gagner une bataille au milieu de laquelle avait péri pour toujours l'autonomie de la Sardaigne. J'aime à supposer que s'il est resté quelque patriotisme dans le cœur des Sardes, ils ne doivent pas regarder sans frémir l'orgueilleux monument de la cathédrale qui, en exaltant la gloire du vainqueur étranger, consacre le souvenir de leur définitif asservissement. Et j'avoue que nous l'avons, nous-mêmes, contemplé avec une certaine émotion, en pensant que l'indépendace nationale fut vaincue en la personne d'un Français, qu'elle avait choisi pour la défendre.

J'ai déjà eu l'occasion de vous dire, je crois, que la Sardaigne, à travers le long cours des siècles, n'a été autonome que pendant cette période du moyen-âge où, divisée en quatre provinces, elle fut gouvernée par des souverains qui prenaient le simple titre de *juges*. De ces quatre judicats, principautés vraiment nationales, celui d'Arborée fut de beaucoup le plus puissant, le plus glorieux et le plus vivace. Il résistait encore, et avec succès, aux rois d'Aragon en train de s'approprier la Sardaigne, alors que tous les autres avaient été absorbés par les conquérants. Au commencement du XVᵉ siècle s'éteignit, à peine adolescent, le dernier juge d'Arborée. L'élection populaire lui donna pour successeur un gentilhomme français, le vicomte Guillaume de Narbonne, dont l'aïeul avait épousé une des filles du plus illustre des juges, Marian IV.

L'Aragon, avide d'étendre sa domination sur cette portion du pays demeurée jusque-là indépendante, prétendit que le pouvoir était tombé en déshérence, refusa de reconnaître le nouveau juge, et menaça d'envahir ses États. Guillaume de Narbonne accourut en Sardaigne et se mit à la tête de l'armée nationale. Le fils du roi d'Aragon, Don Martin-le-Jeune, lui-même roi de Sicile, débarqua dans l'île avec de nombreuses troupes d'infanterie et de cavalerie. Les deux armées s'entrechoquèrent le 30 juin 1409, près de

Sanluri, village assez important situé à 45 kilomètres de Cagliari. On combattit de part et d'autre avec un furieux acharnement; mais Guillaume de Narbonne fut défait et les Aragonais remportèrent une victoire décisive : *Finis Sardiniæ !*

Martin-le-Jeune ne jouit pas longtemps de son triomphe. Il mourut un mois après, succombant, assurent les uns, aux atteintes de l'*intempérie*, épuisé, disent les autres, par les excès auxquels l'entraînèrent les effervescences de sa nature.

Un autre monument funéraire a aussi pour des Français un intérêt particulier. C'est le tombeau d'une princesse de la maison de Savoie, Joséphine-Marie-Louise-Bénédicte, mariée au comte de Provence devenu plus tard le roi Louis XVIII. Cette princesse mourut à Londres, pendant l'exil, en 1810, et son corps fut amené à Cagliari, où résidait alors la maison royale de Savoie, depuis qu'elle avait été dépouillée par Napoléon Bonaparte de ses possessions du continent. Etranges vicissitudes des choses! Qui aurait osé prédire, quand, au milieu des splendeurs de Versailles, se maria le comte de Provence, que sa femme serait un jour inhumée autre part qu'à Saint-Denis? Le tombeau qui lui a été élevé à Cagliari sert de piédestal à une statue allégorique en marbre blanc, d'un assez médiocre travail : il est placé au fond d'une petite chapelle dédiée à saint Lucifer, dépendance d'une crypte creusée dans le roc, au-dessous de la cathédrale.

« Lucifer ! Voilà pour un saint, me direz-vous, un nom bien malsonnant ! » Entre nous, je me demande si ce saint-là est de bon aloi. Je regrette de n'avoir pas plus de temps à passer ici, j'éclaircirais volontiers cette intéressante question d'hagiographie. Lucifer fut évêque de Cagliari, où il mourut en 370. Si j'en crois les détails, un peu sommaires et superficiels, que je trouve consignés dans mes notes, il n'aurait pas toujours été d'une orthodoxie irréprochable. Quoi qu'il en soit, les Sardes l'ont en grande vénération. Quand je dis les Sardes, il faut entendre ceux de Cagliari. Les gens de Sassari contestent avec aigreur la sainteté de Lucifer.

Il importe de vous dire qu'il existe entre les deux cités une inimitié séculaire. Sassari ne s'est jamais résignée à subir la suprématie de Cagliari, et autour des deux villes des rivalités ardentes ont éclaté entre les Sardes du nord et ceux du midi, ou, suivant l'expression usitée ici, les habitants du *Cap supérieur* et ceux du *Cap inférieur*. Dans cette guerre intestine, les belligérants ont fait flèche de tout bois. Les Sassaritains imaginèrent un jour d'attaquer saint Lucifer, pensant qu'il n'y avait pas de meilleur moyen de faire enrager les Cagliaritains. Ceux-ci défendirent leur saint *unguibus et rostro*. On se livra de part et d'autre à d'âpres controverses. Les archevêques des deux villes se mirent à la tête de chacun des camps opposés. La lutte s'envenima tellement que le souverain pontife dut interposer son autorité : une décision du pape Urbain VIII mit fin à ces violentes querelles.

Lorsqu'une guerre de cette sorte s'engage de nos jours, c'est avec des brochures que combattent ceux qui y prennent part. Au XVIIe siècle, des in-folio étaient les projectiles que l'on se lançait à travers la mêlée. Il nous reste un énorme volume de ce format, publié en 1639 par Don Ambroise Machin, archevêque de Cagliari, pour justifier de tous les droits de l'évêque Lucifer au titre de saint. Le prélat, auteur de cet intrépide plaidoyer, est enterré dans la cathédrale ; on l'a représenté agenouillé sur le tombeau, revêtu des ornements pontificaux, ayant la mitre posée à ses pieds.

Voulez-vous savoir jusqu'à quel point fut portée la frénésie des partisans de Lucifer ? Ils eurent l'idée de fabriquer une médaille à son effigie, laquelle, ayant toutes les apparences de la vétusté, était destinée à faire croire que le culte de leur saint remontait à une haute antiquité. Mais les numismates n'ont pas été dupes de cette pieuse supercherie.

Si les Sardes se sont divisés au sujet de saint Lucifer, ils sont unanimes à vénérer un autre saint national, saint Effisio, envers lequel ils ont une grande dévotion. Effisius, grec d'origine et général au service de Rome, s'étant converti au christianisme, fut décapité par ordre de Dioclétien, aux portes de

Nora, ville de Sardaigne florissante au temps de la domination romaine, mais dont il ne reste aujourd'hui que des ruines, situées près d'une localité appelée Pula.

Il y a dans le quartier de Stampace une église dédiée à saint Effisio. Toutes les années, au moi de mai, une statue du saint, conservée dans cette église, est portée en procession jusqu'à Pula. Le trajet, aller et retour, dure quatre jours L'affluence des pèlerins est considérable ; une multitude de cavaliers font cortége à l'image du saint traînée sur un chariot. Cette fête donne lieu à des réjouissances d'une saveur éminemment locale. Tout le monde s'accorde à dire que c'est un des spectacles les plus curieux que puisse offrir un voyage en Sardaigne.

Le général de La Marmora affirme dans son ouvrage que cette dévotion pour saint Effisio s'est beaucoup accrue depuis l'année

1793. Les Sardes attribuent à la protection du saint l'échec subi par les Français dans une tentative qu'ils firent cette année-là pour s'emparer de Cagliari. Une flotte nombreuse, commandée par l'amiral Truguet, vint attaquer la place vers la fin de janvier. Après diverses opérations sans résultat, la ville fut bombardée le 15 février. Elle supporta pendant douze heures un feu terrible dont elle eut grandement à souffrir. Les assiégés allaient être réduits à capituler, lorsque, dans la nuit du 17 au 18 février, il s'éleva tout à coup une tempête épouvantable. La flotte française éprouva de graves dommages ; elle perdit plusieurs bâtiments, entre autres le *Léopard*, vaisseau de 80 canons, qui échoua sur la plage de Cagliari. « Suivant l'opinion populaire, écrit le général à qui j'emprunte ces détails, l'insuccès de l'expédition serait dû à l'intervention du saint ; il aurait détourné de sa main et renvoyé à la flotte ennemie une partie des boulets qu'elle lançait. »

Les témoignages de la reconnaissance publique envers le céleste protecteur de Cagliari se sont perpétués jusqu'à maintenant. Chaque année, le jour de la seconde fête de Pâques, on chante dans la cathédrale un *Te Deum* solennel devant la statue de saint Effisio que l'on y transporte à cette occasion. Au sujet de cette solennité, le comte de La Marmora fait les réflexions suivantes, que vous me saurez gré d'avoir copiées : « J'ai souvent assisté à cette cérémonie religieuse, qui sans doute flattait l'amour-propre d'un peuple qui a été presque le seul de toute l'Europe chez lequel les armes républicaines ou impériales de France n'aient pas pénétré ; mais quelquefois, moi qui suis étranger à l'île par naissance, lorsque j'assistais à cette annuelle fonction, il m'est arrivé de demander à moi-même si ces *actions de grâces* n'auraient pas dû être plutôt changées en *lamentations*; car si la Sardaigne fût restée, comme le Piémont, attachée pour quelques années à l'empire de celui qui a percé alors les routes du Simplon et du Mont-Cenis et qui a dicté le Code Napoléon à une grande partie de l'Europe, y aurait-elle, dans le fond, beaucoup perdu ? L'abolition des fiefs et des dîmes, la construction de routes et tant d'autres avantages que les princes de Savoie ont procuré à l'île depuis leur restauration de 1814, auraient été depuis longtemps des faits accomplis. »

Sur ce, je vous souhaite le bonsoir, mon cher ami. Je me suis laissé entraîner au-delà des limites raisonnables par l'abondance des détails qui m'ont paru de nature à vous intéresser. Je viens de noircir tout un cahier de papier, et si je ne mettais un frein à ma plume, je m'apercevrais demain matin que je suis devenu, presque sans m'en douter, l'auteur d'un livre sur Cagliari de la taille de ceux du Père Vitale.

Allons, bon ! Me voilà obligé maintenant de vous dire ce qu'était le Père Vitale. Je m'exécute ; mais je vous préviens qu'après cela ce sera bien fini ; nous irons nous coucher, sans aucune rémission.

Je vous ai parlé de la guerre acharnée que se firent, au sujet de la prééminence, les deux villes de Cagliari et Sassari. Cette guerre a fait couler des flots d'encre. Le Père Vitale était un religieux fort érudit, qui avait rédigé les *Annales de la Sardaigne*. Il prit parti contre Sassari, et craignant peut-être que celle-ci ne l'emportât, il entreprit de célébrer en latin les avantages de Cagliari. Ce fut pour lui la matière de deux gros volumes, auxquels il donna des titres bien réjouissants. Le premier était intitulé : « Le Bouclier d'or de l'excellence de Cagliari, *Clypeus aureus excellentiæ Caralitanæ.* » Le second s'appelait : « La Forteresse triomphante, *Propugnaculum triumphale.* » Vous voyez que si le Père Vitale était fécond, il n'était guère modeste !

IX

Oristano, 25 octobre 1879.

MON CHER AMI,

La *Strada Centrale*, dont je vous ai parlé dans ma dernière lettre, et qui, de Cagliari à Porto-Torres, traverse la Sardaigne dans toute sa longueur, est maintenant côtoyée par un chemin de fer. La voie ferrée n'est pas encore entièrement achevée; elle le sera, nous dit-on, l'année prochaine (1). Il n'y a

(1) Une correspondance d'Italie, publiée par la *Revue Britannique* dans sa livraison de juillet 1880, annonçait l'ouverture de la ligne directe

présentement que deux tronçons en activité. Le premier est celui que nous avons parcouru en arrivant et qui nous a conduits de

de Cagliari à Porto-Torres. Le correspondant de la Revue faisait suivre cette nouvelle des réflexions suivantes : « Au premier abord on ne voit pas bien la nécessité d'un chemin de fer pour un pays qui n'a pas encore de bonnes routes ; mais il ne faut pas oublier que la Sardaigne est restée un nid de barbarie, de fainéantise, de guerres de clocher et de brigandage, et qu'il n'y a rien comme un chemin de fer pour faire disparaître toutes ces lèpres du passé. Ce qui compensera la médiocrité de l'affaire au point de vue financier, car il est évident que les voyageurs ne seront pas nombreux et que les produits agricoles, qui pourraient donner lieu à un trafic considérable, devront attendre que l'artère principale ait été reliée à tous les centres de production par un réseau de bonnes routes carrossables. »

Porto-Torres à Oziéri ; le second mène de Cagliari à Oristano.

L'itinéraire à suivre pour retourner chez nous a fait l'objet de longues et graves délibérations. Lorsque nous nous réunissons en grand conseil, il y a toujours sur le tapis de nombreuses propositions à examiner. Les uns voulaient que nous prissions à Cagliari un vapeur qui nous aurait débarqués sur le littoral italien, à Livourne ou à Gênes, et nous serions revenus en France par la Corniche. D'autres opinaient en faveur du bateau de la compagnie Rubattino, remontant tout le long de la côte orientale de l'île. Enfin, un dernier avis a prévalu : regagner Porto-Torres par la voie de terre, et là prendre passage à bord du navire sur lequel nous sommes venus. Il serait téméraire de dire si le parti auquel s'est ralliée la majorité se sera trouvé le plus sage. L'itinéraire adopté aura, du moins, l'avantage de nous montrer une notable partie de la Sardaigne.

Nous avons donc pris le chemin de fer de Cagliari à Oristano, et nous voici arrivés dans cette ville, d'où nous repartirons cette nuit. Notre orateur attitré, le persuasif Léon, est en train d'épuiser tout ce qu'il sait d'italien pour amadouer un *vetturino* napolitain établi ici, et décider ce madré compère à nous frêter un véhicule à des conditions un peu moins judaïques. On franchit en douze heures, nous a-t-on dit, l'espace intermédiaire entre les deux tronçons de chemin de fer.

La ligne de Cagliari à Oristano traverse un pays plat que l'on nomme *le Campidano*. Le trajet dure près de quatre heures. Il y a sur le parcours une douzaine de stations : ce sont des villages sans importance. Un seul mérite d'être mentionné : Sanluri, autour duquel se livra en 1409 la grande bataille que je vous ai racontée entre le vicomte Guillaume de Narbonne, élu juge d'Arborée, et Don Martin, roi de Sicile. On voit encore à Sanluri le château féodal, de forme carrée, flanqué aux angles de quatre tourelles.

Avant d'arriver à Oristano, la voie longe un étang d'une vaste étendue. La ville est entourée de marécages. C'est une des régions les plus malsaines de la Sardaigne. Le terroir y est pourtant d'une grande fertilité. Il est arrosé par le Tirse, fleuve assez respectable, qui a son embouchure dans un golfe appelé, à cause du voisinage de la ville, golfe d'Oristano.

Nous avons fait notre entrée dans Oristano au moment où le soleil allait s'immerger dans le golfe. Ses derniers rayons doraient encore le clocher de la cathédrale, tour hexagone dominant par sa hauteur tous les édifices de la ville et coiffée d'un cimier qui fait ressembler ce clocher au minaret d'une mosquée.

Oristano a plutôt l'aspect d'un grand village que l'air d'une ville. Le droit d'être qualifié ville ne saurait néanmoins lui être contesté, et je crois bien que parmi les cités de la Sardaigne, le troisième rang lui appartient. C'est le siége de l'un des trois archevêchés de l'île.

Il convient d'ailleurs, pour être juste, de reconnaître qu'il y a dans Oristano de larges rues et quelques édifices qui font assez bonne figure ; tels sont le palais de justice, l'hôtel-de-ville, l'archevêché, plusieurs maisons particulières ayant apparence d'aristocratiques hôtels. Les constructions du moyen-âge n'ont pas entièrement disparu. Nous avons admiré, au milieu d'un carrefour, une vieille tour de très fière mine.

Oristano fut bâti au moyen-âge, à proximité et probablement avec les matériaux d'une très ancienne ville d'origine phénicienne nommée Tharros. Le souvenir de cette origine s'est perpétué dans un dicton populaire, rimé, que je transcris pour vous donner une idée de l'idiome sarde :

> *De sa citadi de Tarrus*
> *Portant sa perda a carrus.*

Traduisez : « De la cité de Tharros on a transporté (à Oristano) les pierres sur des charriots. »

Les ruines de Tharros existent encore. On y a découvert, il y a quelques années, de nombreux tombeaux dans lesquels on a trouvé une profusion d'objets curieux, surtout des bijoux.

Ce qui fait la gloire d'Oristano, c'est d'avoir été au moyen-âge la capitale du judicat d'Arborée. Ce nom est revenu maintes fois sous ma plume. Il n'en est pas de plus illustre dans les fastes de la Sardaigne, et je trouve ici l'occasion de vous donner des détails que vous lirez, je n'en doute pas, avec bien plus d'intérêt que mes interminables récits de chasse.

Je vous ai parlé de l'ancienne division de l'île en quatre judicats. L'origine de ces petites principautés se perd dans la nuit des temps. C'étaient au début, suivant toute probabilité, des magistratures locales qui se transformèrent à la longue en souverainetés nationales. D'ailleurs l'indépendance des judicats ne fut jamais qu'un état de fait. En droit, les juges n'étaient que des feudataires ; ce qui ne les empêcha pas, — chose, du reste, fréquente au moyen-âge, — de guerroyer, et avec succès, contre leurs suzerains.

La suzeraineté de la Sardaigne avait d'abord appartenu au souverain pontife. Le

Saint-Siége considérait ce pays comme étant sous sa dépendance immédiate. Etait-ce en vertu de la donation faite par Constantin au pape Saint-Sylvestre, ou de celle consentie par Charlemagne en faveur du pape Adrien ? La question est à élucider. Mais, quoi qu'il en soit, cette suzeraineté ne fut jamais contestée, et elle était, dans tous les cas, justifiée par le rôle tutélaire de la papauté à l'égard de l'île.

Vous savez, mon cher ami, quels ont été, pendant de long siècles, les constants efforts de la politique papale pour défendre la civilisation contre l'islamisme. La Sardaigne avait passé toute entière sous le joug des Maures d'Afrique ; elle dut sa délivrance au Saint-Siége.

Vers la fin du Xme siècle, un émir africain, nommé Musat, l'avait conquise et s'en était proclamé roi. Toutes les anfractuosités du littoral étaient devenues des nids de pirates. Ces Barbaresques avaient une telle audace, qu'une flottille partie de Cagliari pénétra dans l'embouchure de l'Arno, remonta le fleuve et vint menacer la ville de Pise.

Le pape Jean XVIII, effrayé des dangers que courait la chrétienté, publia un bref par lequel il invitait les puissances catholiques à délivrer la Sardaigne de l'oppression des Musulmans et promettait d'en attribuer la souveraineté en récompense à l'heureux vainqueur. Benoit VIII parvint à suspendre momentanément les rivalités qui rendaient ennemies les deux républiques de Pise et de Gênes, et, à son instigation, elles se liguèrent ensemble pour combattre Musat. La lutte, longue et sanglante, mêlée de succès et de revers, se termina cependant par la défaite et la captivité du Maugrabin : il alla mourir à Pise au fond d'un cachot.

La Sardaigne, débarrassée des Sarrasins, devint alors l'occasion et le théâtre d'une guerre acharnée entre les deux républiques, chacune prétendant y dominer à l'exclusion de l'autre. Ces dissensions eurent pour effet de favoriser l'émancipation du pouvoir local exercé par les juges ; ceux-ci, d'abord feudataires subordonnés, cherchèrent à s'ériger en souverains indépendants. Rien, d'ailleurs, n'est plus embrouillé que l'histoire des conflits qui éclatent entre ces prétentions enchevêtrées. La Sardaigne, pendant cette période du moyen-âge, est un échiquier où il est difficile de suivre les péripéties confuses des parties qui s'y jouent. N'allez pas croire cependant qu'il serait impossible d'apporter la lumière à travers ces obscurités. L'entreprise offrirait un grand intérêt, et si quelque jour je devenais Bénédictin, peut-être me tenterait-elle.

La guerre incessante que se firent Gênes et Pise fut surtout une guerre maritime. Il se livra de terribles batailles navales. A la fin, Pise eut le dessous. Mais Gênes ne retira pas grand profit de ses succès. La Sardaigne, — c'est toujours la vieille histoire, — devait être la proie d'un troisième larron.

Pendant que les deux républiques travaillaient à s'entre-détruire, la couronne de Sardaigne était convoitée par plusieurs princes, qui la sollicitaient auprès de l'autorité suprême du Saint-Siége.

Jacques II, roi d'Aragon, eut l'heur d'en obtenir l'investiture du pape Boniface VIII. Mais il ne suffisait pas d'être ainsi devenu le titulaire de cette royauté : il fallait conquérir le royaume, et ce n'était pas une médiocre affaire.

C'est à ce moment que les juges d'Arborée

exercent sur les affaires de la Sardaigne une action prépondérante.

Quelle était, me demanderez-vous, l'étymologie de ce joli nom d'*Arborée* ? Chose curieuse, ce n'est pas une expression géographique. Il n'existe en Sardaigne ni ville, ni province ainsi nommée. Les autres judicats portaient le nom de la contrée où ils étaient établis, et l'on dit encore *la Gallura* ou *le Logudoro*, — bien que ces mots n'aient plus de signification officielle, — comme on dit chez nous la Provence ou la Normandie. Mais il n'y a jamais eu de pays qui se nommât l'*Arborée*. Cette appellation s'appliquait à un Etat et non à un territoire. Et pourtant il semble que le mot *Arborea* est un qualificatif dérivé du mot *arbor*, et créé pour être appliqué à une région très boisée.

Oristano était le siége de cet Etat, dont les limites variaient ; car les juges d'Arborée, toujours belliqueux, travaillaient sans relâche à accroître leurs possessions ; et les historiens constatent qu'ils parvinrent plusieurs fois par leurs conquêtes à régner sur un tiers de la Sardaigne.

La grande et constante ambition des juges d'Arborée était de s'élever au rang de princes souverains. Ils avaient été d'abord assujettis à la suzeraineté de Pise. Ils tentèrent les plus énergiques efforts pour secouer le joug de cette république, et ils eurent dans cette lutte d'éclatants succès. En 1286, le juge Marian III s'était même emparé du château de Cagliari.

Hugues III, fils et successeur de Marian III, vit dans l'intervention des Aragonais un moyen d'enlever aux Pisans tout ce qu'ils possédaient encore en Sardaigne. Jacques II était resté de longues années sans essayer de mettre à profit l'investiture que lui avait octroyée le pape. Hugues III noua des relations avec lui et par ses instances le détermina à entrer en campagne. Une formidable expédition partit de la Catalogne sous le commandement de l'infant Don Alphonse. A l'approche des Aragonais, le juge d'Arborée, leur instigateur et leur allié, fit massacrer tous les Pisans qui se trouvaient dans ses Etats.

L'armée espagnole, ayant débarqué, assiégea d'abord la ville d'Iglesias dans laquelle les Pisans firent pendant plusieurs mois une vigoureuse résistance. Après l'avoir prise, l'infant, toujours avec l'assistance du juge, remporta sur l'armée pisane une victoire signalée à Lucocisterna, près de Cagliari. Cette capitale, dernier boulevard des Pisans, fut ensuite assiégée et conquise, et Pise, définitivement vaincue, laissa le champ libre aux Aragonais.

Ceux-ci s'étaient montrés reconnaissants

envers le juge d'Arborée et l'avaient comblé de faveurs. Marian IV, fils de Hugues III, fut élevé à la cour d'Aragon, et lorsqu'il se maria avec la fille d'un grand seigneur de ce pays, Timbora de Roccaberti, il y eut à Saragosse des fêtes splendides.

Parvenu au pouvoir, Marian IV sembla n'avoir qu'une pensée : chasser les Aragonais de la Sardaigne. Il leur déclara la guerre, et pendant tout son règne les combattit à outrance. Il y eut des alternatives de victoires et de défaites. Mais les revers n'abattirent jamais l'indomptable résolution de Marian IV, et malgré les efforts de l'Aragon, il parvint à se rendre maître d'une grande partie de la Sardaigne. Un jour, de toutes leurs conquêtes il ne resta plus aux Aragonais que la seule ville de Cagliari. Le juge d'Arborée est alors à l'apogée de la gloire et de la puissance. Il fut même sur le point de ceindre la couronne royale. Le pape Urbain V, mécontent de certains actes du roi d'Aragon, eut la pensée de lui enlever tous ses droits sur l'île et de les transmettre à Marian IV.

La mort surprit l'illustre Marian avant qu'il pût voir se réaliser ce qui avait été le rêve de toute sa vie. Son fils Hugues IV lui succède et continue la guerre.

Le règne de ce prince est marqué par une particularité intéressante pour des Français. Des relations s'établirent entre notre pays et le judicat d'Arborée. Le duc d'Anjou, frère de notre roi Charles-le-Sage, et régent de France pendant la minorité de Charles VI, avait eu quelque velléité de conquérir le royaume des îles Baléares, alors au pouvoir de l'Aragon. Dans ce but, il essaya de se liguer avec les divers ennemis du roi d'Aragon, qui étaient le roi de Castille, celui de Portugal et le juge d'Arborée.

Il avait envoyé à Hugues IV une ambassade, par l'œuvre de laquelle un traité avait été conclu. Mais le duc d'Anjou négligea d'en exécuter les conditions. Il voulut, en 1378, renouveler son alliance avec le juge et à cet effet il lui dépêcha de nouveaux ambassadeurs. Nous possédons une relation détaillée des faits et gestes de ces ambassadeurs, écrite par un notaire qui remplissait auprès d'eux les fonctions de secrétaire, et rien n'est plus curieux que ce récit.

Les envoyés du duc d'Anjou se rendent à Marseille, recommandés à un armateur de cette ville, nommé Jean Casse, déjà en rapport d'affaires avec le juge d'Arborée. Jean Casse leur fournit une de ses galères. Après plusieurs jours d'une périlleuse traversée, ayant évité les croiseurs catalans, ils atteignent Oristano. Hugues IV les reçoit fort mal. Il leur reproche avec rudesse le manque de foi de leur maître. Le duc d'Anjou, dans l'espoir d'adoucir son allié, avait chargé les ambassadeurs de lui demander la main de sa fille pour un fils qui était né depuis le premier traité, et qui avait alors tout au plus un an. Or, Benoîte, la fille du juge, entrait dans sa vingtième année. Le duc comptait bien qu'une si brillante proposition flatterait l'orgueil du petit souverain sarde. Hugues rabroue d'importance ces pauvres ambassadeurs et finalement les congédie en refusant avec fierté de continuer à être l'allié d'un prince en la parole duquel il déclare n'avoir plus aucune confiance.

A quelle famille appartenaient ces juges d'Arborée dont l'alliance était recherchée par le frère d'un roi de France, et qui étaient eux-mêmes à la veille de devenir rois de Sardaigne ? Vous ne vous douteriez pas, mon cher ami, qu'il y a là un problème historique de nature à exercer longtemps, sans être résolu, la sagacité des érudits.

Deux systèmes différents ont partagé les historiens sardes. Suivant les uns, les juges d'Arborée étaient issus d'une famille indigène élevée au pouvoir par l'élection populaire. Les autres ont supposé qu'ils descendaient de chefs pisans qui avaient contribué à l'affranchissement de l'île lors de la croisade contre les Musulmans, et que la Seigneurie de Pise, en récompense de leurs exploits, aurait choisis pour ses feudataires.

Mais il a surgi, en dernier lieu, une troisième hypothèse. On a essayé de relier à la Provence l'origine de cette dynastie. On s'est demandé si la famille régnante d'Arborée n'était pas un rameau détaché de la puissante maison des Baux qui avait construit son nid sur une crête des Alpines et qui s'est élancée de là pour remplir tout le moyen-âge du bruit de ses hauts faits.

C'est à l'éminent archiviste du département des Bouches-du-Rhône, M. Louis Blancard, que serait due cette curieuse découverte. Elle aurait été ensuite confirmée par les patientes recherches du docteur Barthélemy. J'ai eu l'occasion d'entrer en relation avec cet aimable savant que distinguent deux qualités assez rares, — avouons-le, — chez la plupart des savants : je veux dire l'affabilité et la modestie. Il s'est épris un beau jour d'une véritable passion pour l'illustre famille des Baux, et il a, du coup, rompu avec Esculape afin de pouvoir déchiffrer en paix les parchemins où sont racontées les prouesses de ces aventureux gentilshommes provençaux. Il m'avait fait part de son opinion sur l'origine des princes d'Arborée à une époque où je ne prévoyais pas que je visiterais un jour leur capitale. Cette opinion est basée sur le fait que voici. Les juges d'Arborée joignaient à leurs titres celui de vicomtes de Basso, mot que l'on trouve écrit dans les chartes de différentes façons : *Bas, Bassis, Bassu, Bassio*. Ces formes diverses ne seraient qu'une traduction latine ou sarde du nom des Baux, qui avaient conservé leur titre de vicomtes depuis qu'ils avaient été vicomtes de Marseille.

Vous pensez bien, mon cher ami, que sur cette grave et délicate question, moi qui ne suis qu'un profane, je n'aurai pas l'outrecuidance de prendre parti pour ou contre. Je me contente de souhaiter par patriotisme que nos érudits marseillais aient raison dans leurs conjectures. Je serais fier de penser que la glorieuse dynastie des souverains d'Arborée est sortie d'une tige provençale. Vous n'ignorez pas que les Baux, entraînés par leur caractère audacieux et entreprenant, s'étaient répandus partout et avaient conquis des Etats en différentes contrées lointaines. Pourquoi n'auraient-ils pas aussi régné sur la Sardaigne ?

Le judicat d'Arborée était susceptible de tomber en quenouille, et, particularité bien remarquable, c'est une femme qui, parmi la longue série des juges, a laissé la plus brillante renommée.

Hugues IV, qui avait si fort rudoyé les ambassadeurs du duc d'Anjou, s'aliéna par ses duretés l'affection de ses sujets. Une révolte éclata et le juge fut massacré dans son palais, avec la jeune Benoîte, sa fille unique.

Je ne sais quel vent soufflait alors sur la Sardaigne, mais les gens d'Arborée voulurent tâter de la République, à l'instar des habitants de Sassari, en train de faire l'essai de ce régime.

Hugues IV avait deux sœurs : l'une, Béatrice, s'était mariée avec Aymeric IX, vicomte de Narbonne ; l'autre, Eléonore, avait épousé Branca-Léon Doria, issu de l'illustre famille génoise de ce nom, dont une branche établie en Sardaigne y possédait de vastes domaines.

Cette Eléonore était, comme vous allez voir, une maîtresse femme.

En apprenant la fin tragique de son frère et de sa nièce, elle arme ses vassaux, monte à cheval, entre dans Oristano, étouffe la république naissante et s'empare du pouvoir. La langue sarde n'a pas hésité à donner en son honneur un féminin au mot de juge. Eléonore prit le titre de *juyghissa*. Ce féminin a passé dans la langue italienne qui en a fait *la giudicessa Elionora*. Il faudrait dire en français : la *jugesse*.

Assise sur le trône d'Arborée, Eléonore suivit la politique de ces prédécesseurs. Elle continua à faire la guerre aux Aragonais. Ayant voulu d'abord négocier avec eux, elle leur avait envoyé comme ambassadeur son mari, Branca-Léon Doria. Bien que celui-ci fût muni d'un sauf-conduit, on le jeta en prison.

Eléonore, outrée de cette violation du droit des gens, rassemble une armée, dont elle prend le commandement, et elle se met en campagne. La guerre donna lieu à de brillants faits d'armes. Mais cette héroïne eut la sagesse de ne point se laisser éblouir par l'éclat de la gloire militaire. Elle voulait assurer à son peuple les bienfaits de la paix. Aussi travailla-t-elle de tout son pouvoir à conclure un accommodement avec les Aragonais. On conserve dans les archives de Barcelone une lettre qu'elle écrivit à la reine d'Aragon pour lui demander d'intervenir auprès du roi, son époux, en faveur de la paix. Les efforts d'Eléonore furent couronnés de succès ; on ouvrit des négociations, on finit par s'accorder et un traité de paix fut signé.

Après s'être illustrée par ses exploits guerriers, la princesse d'Arborée devait attacher à son nom une gloire plus grande encore et bien plus étonnante.

Toujours préoccupée de faire le bonheur de ses sujets, elle tenait à leur procurer le précieux avantage d'êtres régis par de bonnes lois. Cette femme extraordinaire, qui avait si vaillamment tenu l'épée, était apte à devenir un éminent législateur. Elle s'entoura de jurisconsultes, et avec leur assistance elle rédigea un code, ou plutôt une collection de codes, un véritable *corpus juris*, contenant un ensemble complet de dispositions sur les diverses branches de la législation. Elle donna elle-même à son œuvre le titre de *Carta de logu*, ce qui, en langue sarde, signifie proprement *Charte du lieu, Charte du pays*. Ces lois furent solennellement promulguées le jour de Pâques de l'année 1395.

L'œuvre législative d'Eléonore était, paraît-il, merveilleusement appropriée aux besoins de la Sardaigne. Aussi, les Sardes demandèrent-ils, vingt-cinq ans plus tard, que cette législation fût étendue à toute l'île. Les Aragonais devenus, par la victoire de Sanluri, maîtres définitifs du pays, y avaient introduit le système représentatif pratiqué chez eux. Il y eut en 1421 une réunion du Parlement sarde, composé des représentants des trois ordres ou états (*estament* en espagnol, *stamento* en italien) : le clergé, la noblesse et les communes. Cette assemblée décida que la *Carta de logu* serait désormais le code unique de tout le royaume, sans en excepter les villes telles que Cagliari ou Sassari, qui n'avaient jamais obéi qu'à leurs propres statuts, et, depuis lors, les lois d'Eléonore sont restées en vigueur jusqu'à nos jours.

Eh bien ! mon bel ami, que dites-vous de ce législateur en vertugadins ? Vous seriez-vous jamais douté qu'une figure si originale et si intéressante se pût trouver dans l'histoire de cette Sardaigne que tant de gens considèrent comme un pays barbare ? Si cette histoire était mieux connue, quel argument fournirait l'exemple d'Eléonore à ceux qui se sont faits les apôtres de l'émancipation politique de la femme ! Puisqu'il a existé une femme capable de confectionner de si bonnes lois, pourquoi les hommes s'obstinent-ils à refuser au beau sexe l'accès du pouvoir législatif ?

La ville de Cagliari a élevé une statue, fort piètre d'ailleurs, à Eléonore d'Arborée.

Nous avons constaté que le nom de cette

femme illustre est demeuré très populaire en Sardaigne, et l'on est tout étonné d'entendre des gens de la plus infime condition vous parler avec orgueil de la *giudicessa Elionora*.

Parmi les hommages divers rendus à sa mémoire, il en est un que je veux vous signaler.

Je m'étais, dans ma jeunesse, quelque peu adonné à l'ornithologie. En étudiant l'ordre des *Rapaces*, j'avais été étonné de rencontrer dans la nomenclature des Faucons une espèce à laquelle on avait donné le nom de *Faucon Eléonore*.

Cette circonstance m'intriguait fort. Qui avait eu l'idée de faire, avec ce nom de femme, la désignation spécifique d'un faucon ? Je l'ai appris en venant en Sardaigne. Le général de La Marmora, ayant conquis comme ornithologiste une grande autorité, a voulu, pour honorer la *jugesse* d'Arborée, transmettre son nom à une espèce de faucons dont il a trouvé les nids sur des îlots rocailleux adjacents à la côte de Sardaigne. La science a ratifié cette dédicace, et voilà pourquoi, si vous avez l'idée, en vous promenant au Palais de Longchamp, de vous arrêter devant la vitrine des oiseaux de proie, vous y verrez le *Faucon Eléonore*. Notre princesse, d'ailleurs, méritait bien ces honneurs ornithologiques. La *Carta de logu* contient, en effet, des dispositions protectrices édictées en faveur des nichées de faucons.

Les Sardes ont, à un haut degré, le sentiment de l'orgueil patriotique. Ce sentiment est louable ; mais il l'exagèrent quelquefois ; et leurs érudits, sous l'inspiration de cet amour-propre national, font des choses surprenantes.

Je vous ai parlé d'une certaine médaille

fabriquée pour faire croire à l'antiquité du culte rendu à saint Lucifer. Une autre fois, les archéologues sardes ont feint de déterrer une inscription latine qui attribuait à Hercule la fondation de Cagliari. Mais à propos du judicat d'Arborée, leur esprit inventif s'est donné libre carrière.

On fit grand bruit, il y a vingt ans environ d'une découverte inopinée. On venait, disait-on, de trouver au fond d'un couvent d'Oristano supprimé par le gouvernement italien, un certain nombre de parchemins remontant à diverses époques, et qui auraient fait partie des archives amassées autrefois par les juges d'Arborée. Ces documents, de contexture variée, — les uns étaient en latin, les autres en sarde, ceux-ci en vers, ceux-là en prose, — éclairaient d'un jour complet des questions demeurées obscures dans l'histoire, révélaient des circonstances inconnues, expliquaient des événements confus, et toujours à la plus grande gloire des juges.

Ce fut le conservateur de la bibliothèque de Cagliari, M. Pierre Martini, qui s'en fit l'éditeur avec commentaires, et l'apparition de ces précieux titres, — cela va sans dire, — combla de joie le patriotisme sarde. Mais un habile paléographe appartenant à notre école des chartes, M. Paul Meyer, s'avisa de prétendre que toutes ces pièces étaient apocryphes, et il justifia son opinion par raison démonstrative. Grand émoi, comme bien bien vous pensez, chez les archéologues de la Sardaigne. Le bibliothécaire Martini entra dans une colère noire ; il essaya de foudroyer son contradicteur avec une brochure agrémentée de toutes les aménités que les savants se décochent en pareil cas. Un autre érudit sarde, M. Baudi di Vesme, vint à la rescousse. Il pensa que pour mettre à la raison le scepticisme français, il y a des juges... à Berlin. Il eut l'idée de soumettre quelques-uns des parchemins d'Arborée à l'Académie de cette ville, et de lui demander son avis.

L'Académie de Berlin a procédé gravement, comme des Allemands doivent toujours le faire. Elle a confié l'examen des parchemins à une commission de cinq membres choisis parmi les plus compétents : l'illustre Mommsen était du nombre. Après mûre délibération, cet aréopage scientifique a rendu son arrêt, et, chose inouïe, la Prusse a opiné comme la France : les Sardes ont été déclarés coupables d'avoir, dans le but d'enrichir leur histoire nationale, présenté comme authentiques des titres fabriqués par eux.

Je n'ai pas eu le temps d'aller voir à Cagliari ces fameux « *pergamene, codici e fogli cartacei di Arborea,* » qui sont conservés précieusement à la bibliothèque de cette ville.

D'ailleurs je n'aurais pas eu l'impertinence de contrôler la décision des académiciens berlinois ; nous devons évidemment la tenir pour bien rendue. Mais j'ai lu de nombreux extraits imprimés de ces curieux documents et je proclame bien haut que les érudits sardes, quoiqu'ils aient prêté le flanc et laissé découvrir leur supercherie en commettant des inexactitudes paléographiques, n'en sont pas moins des hommes très forts.

Vous ne sauriez imaginer tout ce qu'ils ont dépensé d'imagination, d'esprit et même de science. Si je vous disais qu'ils sont allés jusqu'à fabriquer... des sonnets ! Oui, mon cher ami, des sonnets ! Ils ont supposé qu'il avait existé à la cour des derniers juges d'Arborée un poète nommé Torbeno Falliti, fils naturel du juge Hugues III ; ils lui ont attribué un fragment de poème épique et divers sonnets en langue sarde. Afin de vous donner une idée de leur savoir-faire, je vais vous transcrire un sonnet que ce prétendu Torbeno Falliti aurait composé en l'honneur de la grande Eléonore. C'est une bonne occasion de mettre sous vos yeux un spécimen de ce charabia qui constitue le dialecte sarde.

O magnifica figia de Marianu
Chi supra su cavallu plus valenti
E strigendo sa lanza in issa mannu
In mesu de sa guerra plus ardenti

Binchidu has su forti capitanu
Atterando soldados e sa genti
Cum forza e valore sopra humanu
Abattida e presida vilimenti

Cum tantu istrage e dannu simigianti
Su minisprexiu has bene vindicadu
Fattu a s'ambaxiatori donnu fanti

Si sa lionissa tantu hat operadu
Cantu esserit plus forti e triumphanti
Si haverit su leoni a issu ladu.

Voici la traduction :

« O magnanime fille de Marian qui montée sur le cheval le plus fringant, et serrant la lance au poing, au milieu de la guerre la plus acharnée,

« As vaincu le puissant capitaine, renversé les soldats, et, avec une force et une vaillance surhumaine, réduit les hommes à une honteuse captivité ;

« Par tant de carnage et de si grandes pertes infligées à l'ennemi, tu as bien vengé l'outrage fait à ton ambassadeur :

« Si la lionne a fait de tels prodiges, combien elle aurait été plus redoutable et quel triomphe eût été le sien, si elle avait eu le lion à son côté ! »

Puisqu'il s'agit d'un sonnet, j'ai bien le droit de me servir du langage de Philinte, et de vous demander, comme le ferait l'ami d'Alceste :

N'êtes-vous pas charmé de ce petit morceau ?

Le trait qui doit embellir la chute de tout bon sonnet, est ici formé d'un calembour. En parlant du *lion* qui aurait contribué à rendre plus éclatante la victoire de sa compagne, le poète joue sur le nom du mari d'Eléonore : il s'appelait, je vous l'ai dit, Branca-*Léon* Doria. L'auteur du sonnet lui attribue, d'ailleurs, plus d'influence sur sa femme qu'il n'en eut en réalité. Tous les historiens s'accordent à dire que ce Doria fut un vaillant homme de guerre, mais pas autre chose, et politiquement la *giudicessa* ne fit jamais grand cas de lui. Devenue souveraine d'Arborée, elle s'était bien gardée de l'associer au pouvoir : elle ne lui laissa d'autre rôle que celui de *prince consort*.

Des maris qui ne règnent ni ne gouvernent, cela se voit en tout temps et en tout pays. Mais en revanche avouez, mon cher ami, que la Sardaigne offre des types ayant, à un rare degré, le mérite de l'originalité.

X

Macomer, 26 octobre 1879.

MON CHER AMI,

J'ai déjà eu l'occasion de vous dire que ce qui rend bien pénible un voyage en Sardaigne, c'est, après l'extrême incommodité des véhicules, l'insuffisance et la malpropreté des hôtelleries. Impossible d'imaginer sous ce rapport un pays plus arriéré. Je fais exception pour Cagliari et pour Sassari, où il y a des hôtels à la rigueur acceptables. Mais en dehors de ces deux capitales, il faut renoncer à trouver des gîtes qui puissent vous procurer le moindre agrément. L'importance de la ville d'Oristano nous avait paru assez grande pour que l'on pût espérer d'y rencontrer au moins une auberge passable. Nous ne devions pas conserver longtemps cette illusion. Je ne sais quel nom donner à l'horrible logis où l'on nous conduisit. Notez que la physionomie de l'hôtelier s'accordait avec l'aspect repoussant du local. Dans notre Provence, un aubergiste nous apparaît toujours avec un visage vermeil, gracieux et engageant ; la « *bono caro d'oste* » est devenue proverbiale. L'aubergiste d'Oristano avait une figure patibulaire ; il nous accueillit d'un air maussade et chagrin et nous eûmes grand'peine à obtenir la promesse d'un souper. Nous fûmes d'ailleurs condamnés à le demander plusieurs fois et à l'attendre pendant près de trois heures. C'est pour charmer l'ennui de cette longue attente et les tiraillements d'une faim inexorable que j'ai bourré ma dernière lettre de tant de détails historiques et archéologiques.

Pendant que j'étais en train de vous écrire, installé tant bien que mal au bout d'une table gluante, mes compagnons conversaient avec un Français qui soupait dans un coin de la salle commune et qui, en nous entendant parler, s'était empressé de nous faire connaître sa nationalité. Il était, nous dit-il, employé à la confection du cadastre de la Sardaigne, opération que le gouvernement italien a récemment entreprise. Il se livra contre les habitants de l'île à une violente diatribe. Je renonce à reproduire tous les superlatifs qu'il accumula pour donner le plus d'énergie à ses dénigrements. Il ne comprenait pas que nous fussions venus en ce pays sans y être forcés. Je me rappelais, en l'écoutant, ces deux vers de notre Méry au sujet de l'Espagne :

Malgré ses orangers, malgré ses rossignols,
L'Espagne est un pays trop rempli d'Espagnols.

Aux yeux de notre pessimiste, la Sardaigne avait le grand tort de contenir trop de Sardes. Je doute, d'ailleurs, qu'il eût consenti à faire grâce même aux orangers, même aux rossignols.

Quand nous lui dîmes que nous avions traité avec le voiturier du lieu pour nous faire transporter à Giave (qui est la tête de ligne du tronçon aboutissant à Porto-Torres), il nous donna un conseil où nous ne vîmes qu'un hyperbolique raffinement de ses préventions contre les gens du pays. « Et surtout, nous dit-il, n'oubliez pas de mettre dans vos poches des brins de corde : vous en aurez besoin cette nuit pour radouber vos voitures. »

Croiriez-vous, mon cher ami, que l'événement devait donner raison à la singulière prophétie de ce diable d'homme ?

L'oracle *était* plus sûr que celui de Calchas !

Nous étions partis d'Oristano à minuit. Comme notre Napolitain ne possédait pas de diligence assez grande, nous avions dû nous accommoder d'une sorte de calèche et d'un cabriolet dont la construction, à en juger par les formes, remontait à plus d'un siècle.

Nous roulions cahin-caha depuis un certain temps, lorsque le cabriolet, dans lequel j'avais pris place avec Charles, s'arrête brusquement. Le cocher nous fait descendre et nous déclare que quelque chose vient de se casser. Quoi ? Je n'en sais rien ; nous avions fini par nous endormir profondément. En même temps il nous demande si nous ne pouvons pas lui fournir des morceaux de corde. Malgré la contrariété que l'on ressent toujours en pareille circonstance, nous avons ri en nous rappelant les prédictions du géomètre d'Oristano. Nous réveillons nos compagnons. Chacun s'empresse de fouiller ses poches. On utilise les moindres bouts. L'avarie est réparée, non sans difficulté. Les voitures se remettent en marche et nous nous rendormons.

Un nouvel arrêt interrompt encore notre sommeil. Mais cette fois notre cocher ne nous demande rien. Il descend de son siége et s'éloigne sans mot dire. Le cocher de la seconde voiture en fait autant.

Ici je dois avouer que nous avons éprouvé une vive émotion. Nous nous trouvions dans un endroit complètement désert. La lune, voilée par des brouillards, répandait cette lueur blafarde qui ne sert qu'à donner à tous les objets un aspect effrayant. Nous pensions que nos deux cochers, affiliés à quelque bande de brigands, nous avaient conduits dans un coupe-gorge et qu'ils étaient partis pour aller quérir leurs complices. Que faire ? Devions-nous songer à nous défendre ? Mais nos fusils étaient enveloppés de leurs fourreaux, et les cartouches serrées au fond des valises. Si l'attaque se produisait immédiatement, nous n'avions pas le temps d'apprêter nos armes. D'ailleurs les bandits savent bien que nous sommes six et que nous avons des fusils : à coup sûr ils viendront en force nous assaillir, et leur nombre rendra toute résistance inutile. Faut-il alors que nous nous laissions dépouiller, sans essayer, comme le dit la vieille formule, « de vendre chèrement notre vie ? » Livrer sa montre et son porte-monnaie, passe encore ! Mais si nous étions faits prisonniers, conduits dans les montagnes, gardés comme otages, et menacés, ainsi qu'il est d'usage en Sicile, d'avoir les oreilles coupées, à moins que notre famille ne se décide à compter une énorme rançon ? Les lugubres histoires du consul de Sassari et du président de Lanusei nous reviennent à la mémoire, et à chaque seconde il semble que nous allons entendre le traditionnel et terrifiant coup de sifflet.

Cette poignante anxiété nous a torturés pendant un quart d'heure au moins. A la fin nous voyons revenir nos deux gaillards. Ils sont seuls. En nous rejoignant, ils baragouinent je ne sais quelle excuse. Nous n'y entendons goutte, mais nous constatons qu'ils ont l'air guilleret de gens dont la conscience est pure et la digestion irréprochable.

Le reste du trajet s'est effectué sans incidents, et ce matin, au point du jour, nous sommes arrivés à Macomer. Il est convenu que nous séjournerons ici pendant quelques heures, afin de laisser reposer les chevaux. Nous nous arrêtons devant une auberge.

Apprenez, mon cher ami, que nous avions grand tort de nous plaindre de l'auberge d'Oristano. C'était, par rapport à celle de Macomer, un palais des *Mille et une Nuits*. Et, détail à noter, le visage de l'aubergiste est toujours à l'avenant. Celui qui nous reçoit sur la porte de cet antre a véritablement un air sinistre. Nous commandons le déjeuner et nous nous hâtons de sortir.

Macomer est un bourg d'une certaine étendue. Il est traversé par la grande route. On n'y trouve, d'ailleurs, absolument rien de remarquable. Nous constatons qu'il y règne en ce moment une assez grande animation, due à la présence de nombreux ouvriers employés à la construction du chemin de fer.

Les alentours du village ont l'aspect le plus triste que vous puissiez imaginer. Le terrain est évidemment d'origine volcanique. Nous n'apercevons aucun arbre. Le sol, hérissé de roches noirâtres, n'est recouvert que de quelques graminées jaunies. Des collines pelées et sombres forment, vers le nord, une chaîne que nous aurons à franchir en partant : c'est la chaîne du Marghine.

Nous étions descendus de voiture, mourant de froid, et nous avions un impérieux besoin de nous chauffer. Marius avise à la porte d'une masure un monceau de bois. Il paraît que dans ce pays sans arbres, le bois est un objet précieux. Nous entrons dans la hutte et nous proposons à un individu misérablement vêtu qui se trouvait là, de lui acheter quelques bûches. Notre idée était de les transporter en dehors du village et d'allumer un grand feu qui nous eût restaurés.

L'espèce de sauvage auquel nous nous sommes adressés a grossièrement refusé de nous vendre son bois, bien que nous fussions disposés à le lui payer au moins vingt fois ce qu'il valait. Nous en avons été réduits à brûler des brindilles péniblement arrachées à des broussailles encore vertes, et vous me croirez sans peine quand je vous dirai que le seul résultat obtenu a été de faire mentir le fameux proverbe : « Pas de fumée sans feu. »

Cette tentative a du moins l'avantage de ramener un peu d'élasticité dans nos membres engourdis, et nous songeons à nous diriger vers les *noraghes* qui ornent les environs de Macomer.

Il vous est permis de confesser, mon cher ami, que malgré toute votre érudition, ce mot vous était inconnu. Il désigne une des singularités de la Sardaigne. Car je crois bien que l'on ne trouve nulle autre part des monuments semblables à ceux appelés ici les noraghes. Ces monuments remontent aux temps préhistoriques. On ne sait rien de positif au sujet de leur origine et de leur destination, et à cet égard les savants se bornent à des conjectures. Les noraghes abondent en Sardaigne : on en compte plusieurs centaines. Il sont répartis sur toute la surface de l'île, mais d'une façon inégale : certains districts en possèdent un plus grand nombre que d'autres. Malgré leur étonnante solidité, beaucoup sont en partie démolis. Mais il y en a plusieurs qui ont victorieusement résisté aux atteintes du temps et sont demeurés intacts.

On donne ce nom de noraghes à des espèces de tours cyclopéennes qui ne s'élèvent guère qu'à trois ou quatre mètres au-dessus du niveau du sol. Elles sont construites avec des blocs et des quartiers de roche de grande dimension, posés les uns sur les autres, assemblés selon l'irrégularité de leurs formes, et faisant corps sans autre liaison que la précision de leurs joints. L'enchevêtrement de ces gigantesques moëllons polygones donne à l'édifice une extraordinaire solidité. En général, les noraghes sont cylindriques jusque vers la moitié de leur élévation, et, à partir de là, deviennent coniques. Ils ont presque tous une ouverture assez étroite par laquelle on pénètre à l'intérieur; on y trouve deux petites chambres ou cellules voûtées et obscures.

On a remarqué que ces étranges monuments sont placés sur le penchant ou au sommet de collines ou de monticules de médiocre hauteur, et qu'ils sont formés de matériaux que ne pouvaient fournir les lieux environnants, et qui, par conséquent, ont été amenés de fort loin avec d'incompréhensibles efforts.

A quoi servaient ces noraghes ? *Grammatici certant...*, vous savez le reste. Il y avait là, pour l'imagination toujours fertile des savants, de quoi se donner carrière. Aussi toutes sortes d'hypothèses ont été développées et soutenues.

Les uns ont prétendu que ces tours avaient été construites par des bergers afin de s'y mettre à l'abri, en cas de mauvais temps, eux et leurs troupeaux. Mais l'exiguité des cellules intérieures rend invraisemblable cette première hypothèse.

D'autres ont pensé qu'elles avaient été destinées à servir d'asile contre les incursions des pirates; la même considération doit faire écarter ce système.

On a encore proposé d'y voir des vigies. Mais à cette supposition on a objecté que l'ouverture par laquelle on accède à l'intérieur est insuffisante pour permettre de regarder au dehors.

Enfin, l'opinion qui paraît avoir prévalu considère les noraghes comme des tombeaux élevés probablement à des guerriers illustres ou à des chefs de peuplades. Cette opinion est évidemment la plus plausible.

Il y a plusieurs noraghes près de Macomer : le plus remarquable, que nous sommes allés voir de près, s'appelle le noraghe de Santa-Barbara : c'est le nom d'une chapelle en ruines qui existe dans le voisinage.

En rentrant à l'auberge nous avons trouvé la nappe mise et le déjeuner servi. Quelle nappe et quel déjeuner ! Nous devions, pour tout régal, nous contenter d'un plat de poisson ; c'étaient des mulets coupés en morceaux, froids, baignant dans un sauce rougeâtre dont le vin constituait l'unique élément. Je crois vraiment que pour se décider à y goûter, il aurait fallu être un échappé du radeau de la *Méduse !*

Nous allions, en remplacement de ce ragoût nauséabond, nous faire apporter du fromage ; mais un lugubre incident a mis fin à notre repas, avant même qu'il fût commencé.

Nous venions à peine de prendre place autour de cette table inhospitalière, lorsque nous voyons notre aubergiste, la mine encore plus sombre, arriver à pas de loup, et s'en aller aussitôt en fermant derrière lui, d'une façon mystérieuse, la porte de la salle basse dans laquelle nous nous trouvions. Nous étions vivement intrigués de ce manége, et nous nous disposions à demander des explications. Tout à coup nous entendons dans la rue, à la porte de la maison, retentir une voix gutturale qui entonne les chants liturgiques des funérailles. Nous courons à la fenêtre et nous apercevons une bière ouverte, posée à terre près du seuil de la porte, et le curé de Macomer revêtu d'une chape noire, psalmodiant les prières des morts en présence d'un cadavre que l'on venait d'apporter.

Nous avons su après que ce mort était un jeune Piémontais, arrivé malade à l'auberge la veille au soir, et qui avait succombé pendant la nuit à un accès de fièvre, disait-on.

Si nous avions vu le tonnerre éclater à nos côtés et foudroyer l'un de nous, nous n'aurions pas été plus consternés. Il est vrai que le fantôme de la fièvre n'avait pas cessé de hanter notre imagination. Mais comme tous les fantômes, il revêtait à nos yeux une forme indécise et vague, qu'il était facile d'éloigner. Le cadavre du Piémontais venait donner au terrible fléau de la Sardaigne une saisissante réalité.

Quand le destin vous convie à un spectacle de ce genre, il semble que l'on est soumis à une sorte de fascination qui vous oblige à vous repaître de toute son horreur. Je suis resté à la fenêtre jusqu'à la fin de la funèbre cérémonie, ne pouvant pas détacher mes regards du cadavre. Le malheureux Piémontais était étendu sur un linceul dont quatre hommes tenaient les coins relevés. Ah ! mon cher ami, je reverrai longtemps ce visage exsangue, livide, avec des transparences qui le faisaient ressembler à une figure de cire ! Les prières terminées, le corps a été enfermé dans la bière et le convoi s'est mis en marche ; il n'y avait pas d'autre assistant que le curé, un petit clerc en guenilles, et les quatre porteurs.

Ce triste épisode aura singulièrement assombri la fin de notre excursion en Sardaigne, toujours si gaie jusqu'alors, malgré les inévitables petites misères qu'il nous a fallu essuyer. Après le coup subit que la mort frappait si près de nous, il n'était plus possible d'atténuer le danger qui nous menaçait. Bien que nul n'osât formuler cette sinistre appréhension, je suis sûr que chacun de nous se voyait déjà, *in petto*, partageant le sort du pauvre voyageur ; et je présume que les moins aguerris auront senti les premiers frissons courir dans leurs veines.

Le même événement nous inspirait des réflexions d'une autre nature, mais tout aussi défavorables à la Sardaigne. D'après ce que nous savions, le défunt était arrivé à l'auberge le soir, déjà malade : il avait rendu le dernier soupir au milieu de la nuit ; quels soins, quels secours avait-il eus ? Et le matin venu, quelques heures à peine écoulées depuis le décès, on allait l'enterrer sans autre forme de procès.

Et si ce malheureux a été la victime d'un meurtre ! Qui nous assure que l'aubergiste ne l'a pas assassiné dans l'intention de lui voler son argent ? Nous faisons peut-être un jugement téméraire, mais la figure néfaste de cet homme autorise toutes les suppositions.

Et voyez si c'est à tort que nous éprouvions pour l'aubergiste de Macomer une telle répulsion ! Il se peut qu'il n'égorge pas les voyageurs au sens propre du mot; mais dans tous les cas, il les égorge au figuré.

Vous pensez bien qu'après le joyeux spectacle qui avait interrompu notre repas, nous n'avions plus aucune envie de le continuer. Nous ne songions qu'à une chose : fuir sans le moindre retard un pays où la fièvre peut produire de si tristes effets. Nous donnons à nos deux cochers l'ordre d'atteler au plus vite. En même temps, nous appelons notre aubergiste, et nous nous mettons en devoir de lui payer la dépense. Savez-vous ce qu'il a eu le courage de nous demander pour le déjeuner dont je vous ai fait connaître le menu ? — Cinq francs par tête.

Nous nous sommes révoltés.

« Mais ce ne serait pas plus cher à Paris, lui dit Léon en italien.

— Macomer vaut bien Paris, » a répondu cet affreux homme, en jetant sur nous des regards terribles.

J'avais commencé ma lettre en revenant de visiter le noraghe de Santa-Barbara. Je l'ai reprise afin de vous donner tout de suite le récit de ce mémorable déjeuner.

Je vais maintenant prendre congé de vous, mon cher ami : cette lettre sera la dernière que vous recevrez, car je compte bien que désormais il ne nous arrivera plus rien qui mérite d'être noté.

On vient de nous avertir que les chevaux sont attelés. Trois heures au plus doivent suffire pour nous conduire à Giave. Nous coucherons ce soir à Sassari et demain matin nous irons à Porto-Torres retrouver le *Médéah*. Quarante-huit heures après, sauf le cas de naufrage, j'aurai le plaisir de vous serrer les mains. Il ne me restera pas grand'chose à vous raconter de vive voix. Vous avez été tenu au courant, presque jour par jour, de tout ce que nous avons fait en ce pays. Les chasseurs, depuis le baron de Crac, ont la réputation d'être des hâbleurs. Mais vous me connaissez trop bien pour que j'aie besoin de protester de ma rigoureuse véracité.

D'ailleurs, même sans notre aventure de Macomer, nous aurions éprouvé grand plaisir à rentrer au gîte. Nous avons mené ici une existence particulièrement active et mouvementée, et je ne vous cache pas que nous commençons à être un peu fatigués. Veuillez remarquer que depuis notre départ de Marseille, c'est à peine si sur deux nuits nous en avons passé une dans un lit.

Et puis, vous le dirai-je ? un autre motif

me fait ardemment souhaiter de revoir, au plus tôt, le doux ciel de la Provence. J'appelais de tous mes vœux une occasion de connaître les grandes chasses de la Sardaigne. Mais j'aurais voulu venir ici en une autre saison. Et quand mes compagnons ont choisi le mois d'octobre, je me suis incliné à regret devant la loi des majorités ; car en désertant à pareille époque le sol natal, j'ai dû me résigner à un sacrifice que je n'ai pas accompli sans combat : il m'a fallu abandonner le poste aux grives !

Or, mon bon ami, après avoir poursuivi le gibier de tant de contrées diverses, après avoir ajouté à la liste de mes campagnes la *caccia grossa* aux cerfs et aux mouflons de la Sardaigne, je le proclame hautement : aucune chasse ne donne un plaisir comparable à celui que nous procure la chasse aux grives dans un bon poste du terroir de Marseille.

Ne riez pas, mon ami : le poste constitue, à mes yeux, le principal attrait du retour dans la patrie. J'ai la nostalgie des cimeaux. J'espère arriver assez tôt pour les voir encore, pendant quelques matinées, se garnir de tourdres retardataires, arrière-garde du grand passage d'octobre. Et si cet espoir n'est pas déçu, je vous promets de vous faire goûter d'un salmis plus savoureux, mille fois, que mes lettres de Sardaigne.

Marseille. — Typ. E. Jouve et Cᵉ.

www.ingramcontent.com/pod-product-compliance
Lightning Source LLC
Chambersburg PA
CBHW050322170426
43200CB00009BA/1424